朝日新書
Asahi Shinsho 652

老前破産

年金支給70歳時代のお金サバイバル

荻原博子

朝日新聞出版

はじめに

「老後が、大変だ」と言います。

けれど、実はいま最も大変なのは、「老後」ではなく、老後に至る前の「老前」——40代、50代の家計です。

日本弁護士連合会によると、「自己破産」が最も多いのは40代（27・02％）。次に50代（21・05％）。自己破産の約半分を、40代、50代が占めています。

自己破産に至った理由を見ると、最も多いのは「生活苦・低所得」で60・24％。誰もが思い浮かべる「浪費・遊興費・ギャンブル」は、わずか9・84％と意外と少ないのです（2014年調査）。

つまり、伸びない給料と生活苦で、老後に至る前に破綻してしまう40代、50代の「老前破産」が増えているということです。

しかも、驚くのは「自己破産」した人の借金の額が何千万円ではなく、なんと半数近くが負債額500万円未満なのです。500万円未満で、裁判所から支払不能と認定されているということです。

なぜ、こんなに少額で破綻が認定されるのかといえば、生活そのものに余裕がなく、どう頑張っても500万円の借金でさえ稼いで返す力がなくなっているからです。

給料が上がらない中で、給与カットやリストラ対象に最もなりやすいのが40代、50代。しかもこの世代には、今の60代、70代がつくりあげた「人並み」の呪縛に縛り付けられている人が多くいます。それは、背伸びしてでも「人並み」でなければ、社会人として恥ずかしいという、横並び意識が強い団塊の世代から受け継いだ価値観でもあります。

「人並みのマイホーム」「人並みの車」「人並みの教育」「人並みの生活」……ところが、この「人並み」こそが、今は高嶺の花という時代になっているのです。

本書で取材した人たちはみんな、ささやかな「人並みの暮らし」を求めて一生懸命に働きながら、その望みが叶わないままに破綻していきました。マイホームを買ったために、メンタルに不調を抱えた人がいます。教育費の負担で、家族がバラバラになってしまった家庭もあります。カードローン地獄に陥って死ぬことを考えた人もいます。自立できない子供や妻を抱えて、それでも踏ん張って家族を立て直そうとしている人もいます。

それは、けっして他人事ではない、いつ自分が陥るかわからない人生の落とし穴です。家計の将来を考えることが怖い。うすうす、ダメになる日が来る予感がある。でも、今日明日はとりあえず大丈夫——そうやって現実に向き合わない人もおどろくほどいます。

そのこと自体が、じつは精神的に多大なストレスになり、知らずのうちに人生から自由さや快活さを奪うことを忘れてはいけません。

繰り返しになりますが、マイホームを買い、子供たちを大学まで出して、自分たちは悠々自適な年金生活に入る。そんな、60代、70代が手に入れた「人並み」な生活は、今の40代、50代にとっては、背伸びをして借金を抱え込まなくてはならないほど大変な生活になっているのです。

しかも、これからこの世代を待ち受けているのは、現在は65歳からもらえる年金が、68歳、70歳と引き上げになっていくかもしれない現実。選挙に大勝した安倍政権下で始まる増税ラッシュや社会保険料の負担増など、家計を圧迫する事柄ばかりです。

2020年からは、年収850万円超の会社員や公務員などを対象に所得税が引き上げられる予定です。そこそこ余裕があり、負担力があるといういわば一つの基準として「年収850万円」という数字が浮上してきたわけですが、この年収を稼いでいる人でもお金の基礎知識と貯金の心構えがなければ、リスクは大きいと言わざるをえません。

さらに、「働き方改革」によって従業員を過労死ラインまで働かせても良いことになっただけでなく、「残業代ゼロ法案」で給料の目減りも予想されます。

こうした世の中の流れの中で、20代、30代はさっさと「人並み」幻想を手放し、「結婚しない」「家を買わない」「子供を産まない」という選択を始めています。

けれど、すでに結婚し、家を買い、子供を持っている40代、50代は、どうやってこの過酷な時代を生き抜いていけばいいのでしょうか。

本書では、できる限り実践的に、みなさんの不安を解消し、家計を立て直す方法を提示しました。さらに、実際に悩んでおられる方からいただいた相談にも答えています。

まずは、自分の家庭の現状を認識すること。その上で、いまある「資産の棚卸し」をして、家計立て直しの方針を出すこと。それに従って、家計をダウンサイジングし、できれば収入を増やすことの具体策を提示しました。

けれど、こうしたことを進めていく上で最も大切なことは、家族というチームのメンバーそれぞれが自立し、それぞれの役割を果たしていくことです。弱者切り捨ての世の中ですが、家族は、どんなに弱っていても、誰ひとりとして切り捨てることはできません。どうすれば、みんなで支えあってこの荒波の中を進んでいけるのか。
いくつかの家族の実例から、そのヒントを拾い出していただければ、筆者として望外な幸せです。

2017年12月

経済ジャーナリスト　荻原博子

老前破産

年金支給70歳時代のお金サバイバル

目次

第3章 年金70歳時代を生き抜くための「基本心得」 69

第4章 気が付けば借金まみれ――カードローンで「老前破産」 97

第5章　家族関係のトラブルは、家計の万病のもと

第1章　売れない、貸せない、直せない

——住宅ローンで「老前破産」

住宅ローンが生活を破滅させるまで

「このまま、70歳まで住宅ローンを払い続けられるのだろうか」

銀行から送られてきた住宅ローンの返済予定の明細書を見ながら、山田辰夫さん（仮名・53歳）は、家族が寝静まったリビングで、ひとりため息をついた。

山田さんがマンションを買ったのは、1999年、35歳の時。当時、4歳の長男と2歳の長女がいた山田さん夫婦に、2LDKの賃貸アパートは手狭だった。月々の家賃は10万円。子どもたちのことを考えると、もっと広いところに引っ越したいが、そのぶん家賃も高くなる。

「いっそ、家を買おうか」と話していた時に目に入ったのが、〝頭金ゼロ、返済額は家賃並み〟という不動産の宣伝チラシだった。

ためしに業者をたずねると、こう即答された。

「お客様はラッキーですね。今しがた1つ、いい物件がキャンセルになったばかりで、どなたかにご紹介しようと思っていたところです。今年は、住宅金融公庫の貸し出し利率も史上最低ですし、住宅ローン控除も拡大されていて、お客様の年収でもしっかりローンが組めるようになっています。物件価格も上昇しているので、この機を逃すともう手が届かなくなるかもしれませんよ」

１９９９年当時、山田さんの年収は４２０万円。35歳という年齢にしては低くないほうだと自負していたが、以前はこの年収では、住宅金融公庫からの融資を受けられなかった。なぜなら、３大都市圏で公庫融資を受けられるのは、年収５００万円以上だったからだ（３大都市圏以外は、年収基準が４００万円以上）。

ところが不景気が続き、政府が庶民に最大限、住宅を買わせる政策を実施したために、住宅金融公庫も年収のハードルを１００万円下げて、３大都市圏では年収４００万円以上、それ以外は３００万円以上ならローンを組めるようになった。

しかも金利も、当時としては破格に安い２％。民間の住宅ローン金利は10年固定で４％近くで、この安い金利で購買意欲を煽られて住宅を買う人が増えた。さらに、頭金はゼロ。自分で用意するのは諸経費の２００万円のみ。

山田さん夫婦は、将来のために４００万円の貯金をしていた。その貯金のうち２００万円出すだけでマイホームが持てるというのは、夢のような話だった。だからこそ「今、買わなくては」という気持ちになった。

最悪の場合、家を売れば……

山田さんが買ったマンションは、埼玉を走る私鉄沿線で池袋まで約30分、駅から徒歩15分。3LDKで3500万円。返済期間は35年。返済額は月々約8万3000円、ボーナス払いは20万円。賃貸の時よりも部屋が1つ増え、しかも管理費と修繕積立金を足しても、今まで払っていた月々の家賃並み。ボーナス時には20万円を上乗せして払わなくてはならないが、それで住まいが自分のものになるなら、安い買い物だと思えた。

事前に銀行からは、「当初10年間は金利が2%ですが、その後は4%に上がります」と説明されていたが、その頃には給料も上がっているだろうし、妻も子どもの手が離れるので、パートに出れば、返済が多少増えても大丈夫だろうと思っていた。

しかも、不動産業者が口にした「お子さんたちが巣立った頃には、今のマンション価格も上がっているでしょうから、売って2人用の小さなマンションにでも住めば、差額を老後資金に充てられますよ」という言葉が、心に刺さった。業者の、「立地がいいので、将来は倍の値段で売れてもおかしくありません」という言葉を、山田さんはそのまま鵜呑みにしたのだ。

自分が一国一城の主になったということで、山田さんは、自分の人生が輝かしい未来に向けて一歩前進した気がした。子どもたちは、大喜びで部屋の中を駆け回った。それまでのアパートでは、隣を気にして、部屋の中で走り回るどころか、大きな声でしゃべることもできなかった。けれどこのマンションは、防音がしっかりしているので、少しくらい子どもが走っても下には響かないと説明を受けていた。

部屋を走り回る子どもたちを見ながら、山田さんはじんわりと幸せを感じていた。

不安がまったくないわけではない。けれど、最悪の場合、住宅ローンを払えなくなっても、その時には自分の家なのだから、家を売ることだってできる。今は不動産価格が下がり気味になっているが、いずれ上がるだろう。また、ちょっと下がった給料も、景気が回復すれば上がっていくだろう。

当時の多くの人と同じように、山田さんも、そう考えていた。

バラ色の住宅費計画が、一転

それから10年たった2009年。返済額が月々約10万円、ボーナス月約35万円に上がった。誤算だったのは、上がるだろうと思っていた給料が、さほど上がらなかったことだ。

しかも、周囲にどんどん広くて設備も最新のマンションが建った。そうなると、中古になった山田さんのマンションは、値上がりするどころか値下がりする。

この頃は世間でも郊外のマンションの値下がりが騒がれはじめていて、山田さんの地域に限らず、かつて「都心まで○○分」とうたったマンションは中古マンション市場で飽和状態になり始めていた。

それまで山田さんは、自分の家がどれくらいで売れるのかを、試算したことがなかった。ニュースや新聞の折り込みチラシなどを見ると、確実に値下がりしているだろうということが予想できたからだ。怖くて試算することができなかったのだ。

しかし、もうそんなことは言っていられない。山田さんは、住宅情報誌で自分のマンションと同じような立地条件、築年数、間取りの中古マンションが、いくらくらいで売りに出されているかを見た。また、近所の不動産屋にも聞いた。

結果は衝撃的だった。山田さんのマンションは今売っても、なんと1700万円から1800万円にしかならないという。

残っているローン額が2740万円。マンションの売値が1800万円だったとしても、手数料などを考慮すれば約1000万円のマイナスになる。今マンションを手放すと、住むところがなくなってしまうばかりか、約1000万円の借金を背負いこむという事実に、山田さんは愕然とした。

パート収入も焼け石に水

山田家では、妻もパートで働いている。山田さんの給料が思ったほど上がらず、一方で子どもの塾通いが始まって貯金する余裕がなくなってしまったからだ。

妻はパートで月5万円ほど稼いでいたが、住宅ローンの支払いが11年目から年間で30万円ほど増えたので、働く時間を増やして月8万円稼ぐことにした。ただ、年間のパート収入が103万円を超えてしまうと、山田さんの配偶者控除がなくなるだけでなく、会社の家族手当もなくなるので、その線は超えないように働いた。

もっとも、スーパーのレジで月8万円稼ぐというのは、楽ではない。時給800円だと、月に100時間は働かなくてはならないから、週に5日間働いたとしても1日5時間くらいは立ちっぱなしになる。

最初は慣れずに、足がつったり、腰が痛くなったりしたが、徐々に慣れてきた。とはいえ、これ以上働くとなると、体への負担が増えることは免れない。健康には自信があるが、ローンが終わる70歳まで続けられるかといえば、その自信はない。

そんな山田家を、突然の不幸が襲った。

ダブルローン地獄とボーナスカット

２０１１年３月11日、東北で大規模な地震が起きた。１万５０００人以上の死者を出した東日本大震災だ。この地震の影響で、福島第一原子力発電所の原子炉がメルトダウンし、日本経済にも大打撃を及ぼした。

山田さんが勤めている会社の東北工場も、大きな被害を受けた。その影響で、会社が業績不振に陥り、ボーナスがカットされることになってしまったのだ。ローンの返済額が増えた矢先に、肝心の収入が減ることになってしまった。

しかも、２人の子どもが、それぞれ中学校、高校へと進学し、教育費がいよいよ本格的にかかってくる。

子どもの将来を考えて、多少の貯金はしてきたが、それも徐々に底をつき、大学進学のために教育ローンを借りなくてはならないという状況になってしまった――住宅ローンと教育ローンの、〝ダブルローン地獄〟に陥ったのだ。

しかも、ボーナスがカットされたことでボーナス月の35万円の返済ができない。銀行から督促の電話がきたので、山田さんは事情説明に銀行に出向いた。

一時的にカードローンでも借りてその場をしのごうかとも考えたが、それでは根本的な解決にならないことはわかっていた。同じような境遇にあった同僚が、苦し紛れにカードローンでお金を借りて、後戻りできない状況になってしまったのを目の当たりにしていたからだ。

銀行に出向き、ローン担当者に事情を説明すると、「わかりました。そうした場合には、お子さんが大学を卒業するまで住宅ローンの支払いは利息分だけに減額することも可能ですから、とにかく一緒に対策を考えてみましょう」そう言ってくれた。

「山田さんのような方はたくさんおられるのですが、こうして傷が浅いうちに相談に来てくださる方は少ないです。正直言って私どもにとって一番困るのは、自分で何とかしようとしてどうにもならず、ある日、突然破綻されてしまうことです。早めに相談いただければ、一緒に対処方法は考えられるので、これからも一緒に頑張りましょう」

ローン担当者にそう言われ、山田さんは、思わず涙を浮かべてしまった。

ローンを子どもに背負わせる

現在、長男は22歳、長女は20歳。幸い、2人とも浪人せずに目指す大学に入り、長男は大学を卒業して就職も決まった。

ただ、2人を大学に行かせるために山田さんは、国の教育ローンと民間の教育ローンを計400万円借りた。もちろんそれでは足りないので、子どもたちには奨学金を申し込ませ、子どもそれぞれが300万円ずつの奨学金を背負っている。それを社会人になってから15年間で返済していくのだ。月々の返済額は、それぞれが月約1万8000円。

自分たちが住宅ローンと教育ローンという〝ダブルローン地獄〟に陥ってしまっただけでなく、まだ社会人になっていない子どもたちにも、それぞれにローンを背負わせてしまったことは、親としては不甲斐ないと思うが、どうにも避けられないことだった。

ここ数年、考えることといえば、住宅ローンと教育ローンのことばかり。子どもたちも、一生懸命にアルバイトをしているし、妻も毎日働いている。そればかりか、家計も最大限に切り詰め、山田さんは酒もタバコもやめ、車も手放した。外食もせず、昼も弁当を持参し、電気代がもったいないので冬でもリビングの床暖房はつけずにホットカーペット……

そんな小さな節約の積み重ねで、教育ローンについては、何とか定年退職時までには返せそうな目処が立った。

しかし、怖いのは住宅ローン。子どもが大学に通っている間、返済を利息だけにしてもらったのはいいが、そのため元金のほうは減っていない。結果、70歳までだったはずの返済期限が、73歳までずれ込んでしまった。65歳まで働くとしても、それ以降の8年間、年金生活をしながら73歳まで、年間170万円のローンを払い続けるというのは、とうてい不可能な気がする。定年退職後はボーナスがないので、ボーナス分も合わせて月々で平均すると月約15万円。20万円ちょっとしか出そうもない公的な年金の中から支払っていけるとはとても思えない。

年金生活に突入するまでに住宅ローンを払い終えるとしたら、退職金でまとめて返すしかないが、そうなると、退職金のほとんどは住宅ローンの返済に消えてしまい、貯金もないまま、老後生活に突入することになる。そう考えると、この先、自分たちはどうなっていくのか、ますます不安になってくる。

修繕費がでない

実は最近、家に関してもう1つ、山田さんは大きな不安を抱え込んでいる。それは、せっかく買ったマンションが、老朽化していくかもしれないという不安だ。

山田さんはこの春から、マンションの管理組合の理事になった。今まで仕事が忙しいということで逃げていたのだが、さすがに今年は逃げられなくなった。そして、いやおうなく自分たちが住んでいるマンションの現実に直面することになった。

買った時には新築でも、すでに築18年。そこかしこが傷んできて、修繕が必要になっている。しかも、管理組合で預かっている修繕積立金だけでは、充分な修繕をするには足りないことが判明した。

そこで修繕積立金を値上げしようということになったのだが、住んでいる人たちは山田さんと同年代が多く、同じように子どもの教育資金と住宅ローンの〝ダブルローン地獄〟にいる人もいて、値上げには消極的。管理組合が値上げの提案をしたが、否決された。

思えば自分も、かつて管理組合から「管理費値上げのお願い」という書状が届いた時には、「難しい」と回答した。

ただ、だからといってこのまま充分な修繕を施さないままでいれば、どんどんマンションは老朽化していく。地域の管理組合同士の会合に出席して感じたのは、今、多くのマンションが「ダブル高齢化」の危機に直面しているということ。つまりマンションの老朽化と、そこに住む住人の高齢化が、同時に進んでいるのだ。

会合で同席していたあるマンションの理事は、「うちは、もう手遅れだ。築30年で、住人の多くは年金生活者として細々と暮らしているので、建て替えはおろか修繕も充分にはできない」と嘆いていた。老人が多く活気がないので、若い人は住もうとしない。若い人がいないからさらに活気がなくなり、老人ホームに行く人も出てきて空室が目立つようになった。当然、修繕積立金も思うように集まらない。

その話を聞いて、山田さんも、それが他人事とは思えなかった。

充分な修繕積立金が集まらないのでマンションの修繕ができず、老朽化するのでマンション価格が下がり、マンション価格が下がるとお金のある人は他のマンションに移り住んで、代わりに所得の低い人たちが入居してくる。所得の低い人たちが増えると、当然ながら修繕積立金を値上げすることができずにますますマンションの老朽化は進む。その悪循環が、自分が住んでいるマンションでもすでに起きているようで、おそろしくなった。

身動きの取れない人生

山田さんは、息苦しさで夜中に時々目を覚ますことがある。心臓がバクバクと音を立てて鼓動し、胸が締め付けられるような痛みを感じる。

医者に行くと、常に何らかの不安を抱えていることで起きる「不安障害」ではないかと言われた。精神的なゆとりが失われている状態で、緊張しすぎて自分の体が思うようにならなくなっているというのだ。

「お薬を出しておきますが、大切なのは、気持ちをリラックスさせて、何か起きても、それくらいのことならたいしたことはないと思えるようになることです。不安を感じたら、そのことを紙に書いて原因を整理すると気持ちが落ち着くし、音楽を聴いて気持ちを解きほぐしたり、テレビのお笑い番組を見て笑うというのも効果的ですよ」

そう言われても、単なる現実逃避だとしか思えない。大きなローンを抱えながら貯金も底をつき、老後の暮らしもおぼつかなくなる中で、住んでいるマンションが老朽化し、身動きすら取れなくなっていく。そういう状況が自分の身に迫っていると思うと、それだけでパニックになりそうな気がする。

薬では治らないことはわかっているので、医者に行くのはやめた。

いざとなったら、売ればいいと考えていたマンション、資産になると思って買ったマンションが、今、山田さんには大きなお荷物となり、生活を圧迫している。

自分たちは、この先どうなるのだろう。考えても仕方ないと思いながらも、ついつい気がつくと鬱《ふさ》ぎ込んでしまう自分がいる。

住宅価格に値上がりの見込みなし！

今、日本には、623万3000戸（2015年現在）の分譲マンションがあります。このうち築30年を超えるものは162万戸。つまり、今あるマンションの約4分の1が築30年以上で、20年後には実に築50年以上になります。

対して、これまで日本で建て替えできたマンションは、たった211棟。1万6000

戸ほどで、しかもその半数以上は、日本住宅公団や住宅供給公社など公《おおやけ》の団体がつくった、建ぺい率、容積率にゆとりがある建て替えに有利な物件です。民間が分譲したマンションについては、建て替えは難しいと思ったほうがいいでしょう。

しかも、この先、マンション価格が上がる可能性は少なくなっています。

なぜなら、日本はすでに人口が減少しており、少子化が進んでいて、ひとりっ子とひとりっ子が結婚すれば、家が一軒余るという時代になっているからです。

日本の空き家率は、驚異的に上がっています。

総務省の「平成25年住宅・土地統計調査（速報集計）」によれば、全国の空き家数は820万戸で、家屋全体の13・5％を占めています。5年前に比べて空き家率は0・4％上昇し、過去最高になっています。（図を参照）

空き家が増えるといえば田舎を思い浮かべますが、実は空き家が増えているのは過疎地域だけではなく、東京10・9％、神奈川10・6％、千葉11・9％、埼玉10・6％と首都圏にもかなりの空き家があります。つまり、首都圏でさえ10軒中1軒が空き家になっているということです。さらに、この空き家状態は地方都市ではさらに進んで、大阪14・5％、愛知12・0％、福岡12・4％、北海道13・7％。8軒に1軒は空き家になっているという

総住宅数、空き家数及び空き家率の推移（全国）

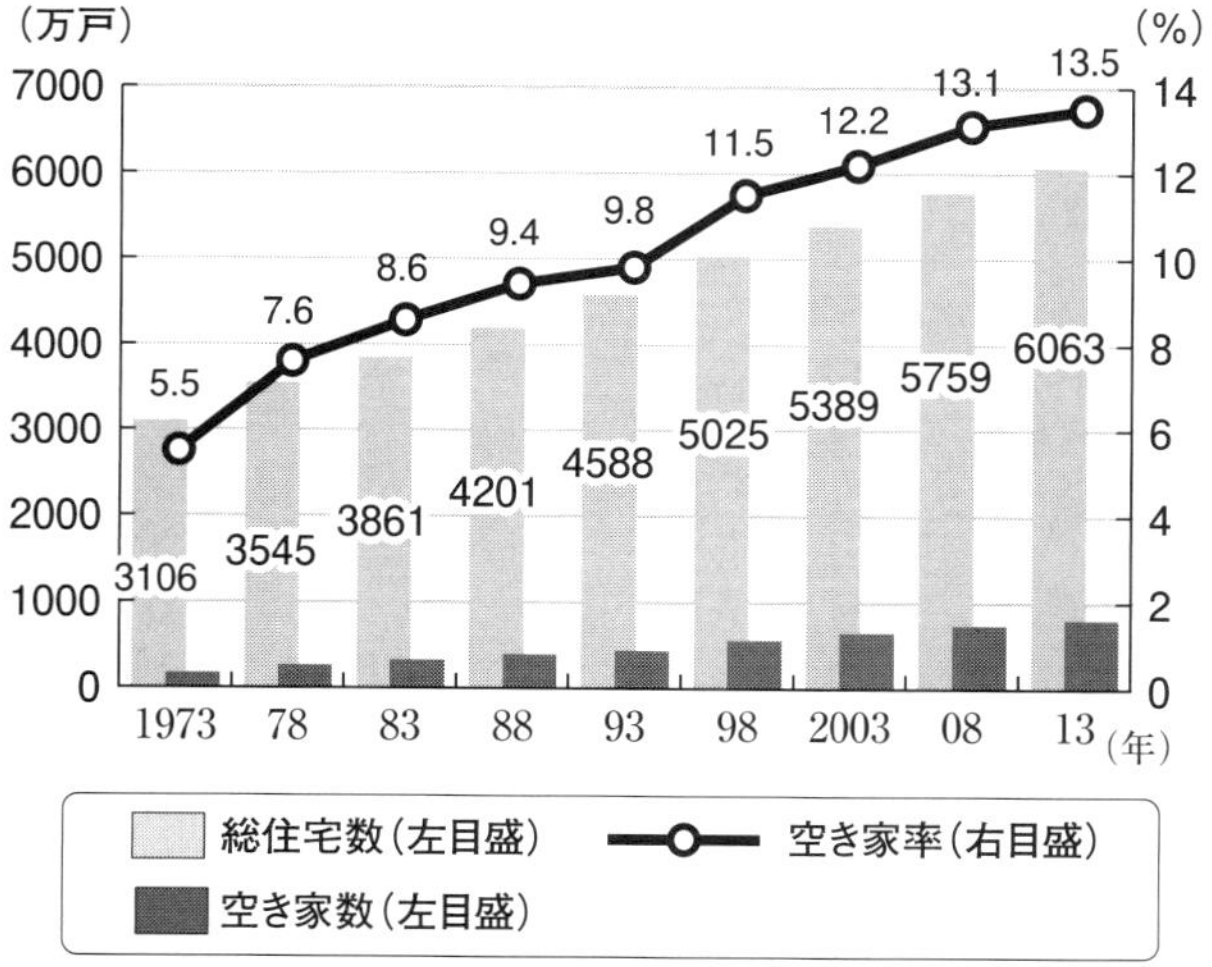

出典・統計局「平成25年住宅・土地統計調査」

状況です。

さらに野村総合研究所のレポートによると、空き家の除去や減築が進まない場合、**２０３３年には、空き家が２０００万戸を超える**予測です。２０００万戸といえば、現在ある住戸の約30%にあたります。つまり、3軒に1軒が、空き家となるというのです。

皆さんは、「75歳の壁」という言葉をご存知ですか？

最近は高齢な方でもお元気ですが、75歳を超えると、要介護者の割合が急激に増えるのだそうです。

そして、人口が多い団塊の世代が

75歳になるのが2025年。介護が必要で施設に入居される方も増えるでしょうから、このまま何もしなければ、2033年には今ある住宅の3軒に1軒が空き家となるという予想は、絵空事ではないかもしれません。

そうなった時の住宅価格については、都心部などよほど立地が素晴らしく、建物としてのグレードも高いなど好条件を備えていなければ、値上がりする見込みはないでしょう。

そういう意味では、住宅はすでにデフレ状態。慌てて買わなくてもたくさんあるし、処分したいと思っている人は、なるべく早く処分なさったほうがいいかもしれません。

銀行は、なぜ35年ローンを勧めるのか

住宅ローンといえば、当然のように35年ローンを組んでいる人が多くいます。同じ金額を借りても、長期で借りたほうが毎月返済する額が低くなって楽だからです。

例えば、3000万円を金利3％で借りた場合、30年返済だと月々の支払いは12万6481円ですが、35年返済だと11万5455円で、月々の返済額は1万円以上減ります。同じ返済額なら、そのぶんたくさん借り入れができるということ。

銀行が、短期よりも長期の住宅ローンを勧める理由は、ここにあります。

返済総額を見ると、30年ローンなら総額4553万3001円を返すので銀行は1553万3001円の利息しか儲けられませんが、35年だと総返済額は4849万7768円なので、約300万円も多く利息を稼ぐことができるからです。

ただ、**裏を返せば、その約300万円は、借りた人が負担する**ということになります。

しかも、多くの人は35歳前後で家を買うので、35年ローンを組むということは、70歳まで住宅ローンを支払うということ。65歳から年金生活に入るなら、その年金生活の中で5年間も住宅ローンを払い続けるのはかなり大変です。

ただ、それでも銀行が35年ローンを貸すのは、サラリーマンの場合、定年退職した時点で退職金というまとまったお金が入るので、これで一括返済できると見込むからです。

例えば35歳で3000万円、35年ローン（金利3％）を組むと、60歳時点で残っているローン額は約1200万円。中小企業に勤める大卒者の退職金の平均が1200万円ですから、退職金でローンを完済することは確かに可能かもしれません。

ですが、**退職金をローン返済に使ってしまうと、今度は老後資金が枯渇します。そうなったら、次に銀行は、ローンがなくなった家を担保にお金を貸します。**そこでまたローンの利用者は、銀行に利息をたんまり支払うことになります。

こんな事態を避けるためには、最長でも定年退職までに住宅ローンが完済できるようにしておくことが大切です。

そして、すでに借りてしまっている人は、なんとか必死でお金を貯めて、繰り上げ返済で完済期間を前倒しししておくべきでしょう。

繰り上げ返済で利息は激減！

住宅ローンの繰り上げ返済で利息の減り方が大きく変わるのは、借りて10年目までです。ですから、６年目なら、まだまだ大きな効果が望めます。

貯金を切り崩すのに抵抗があるという方は多いです。「手元に４００万円あるけれど、貯金がなくなると不安になる」という方がいました。でも、今は低金利で、４００万円を定期預金で預けておいても、利息はほとんどつきません。

だとすれば、住宅ローンの繰り上げ返済にまわしたほうが、よほど有効です。

１００万円だけは預金として手元に残し、３００万円を思い切って繰り上げ返済にまわしてはどうでしょうか。病気やケガなど、ある程度の現金がなくてはいざという時に対処できません。その目安が約１００万円。とりあえず１００万円あれば、何とかなるケース

繰り上げ返済は早いほど効果が大きい

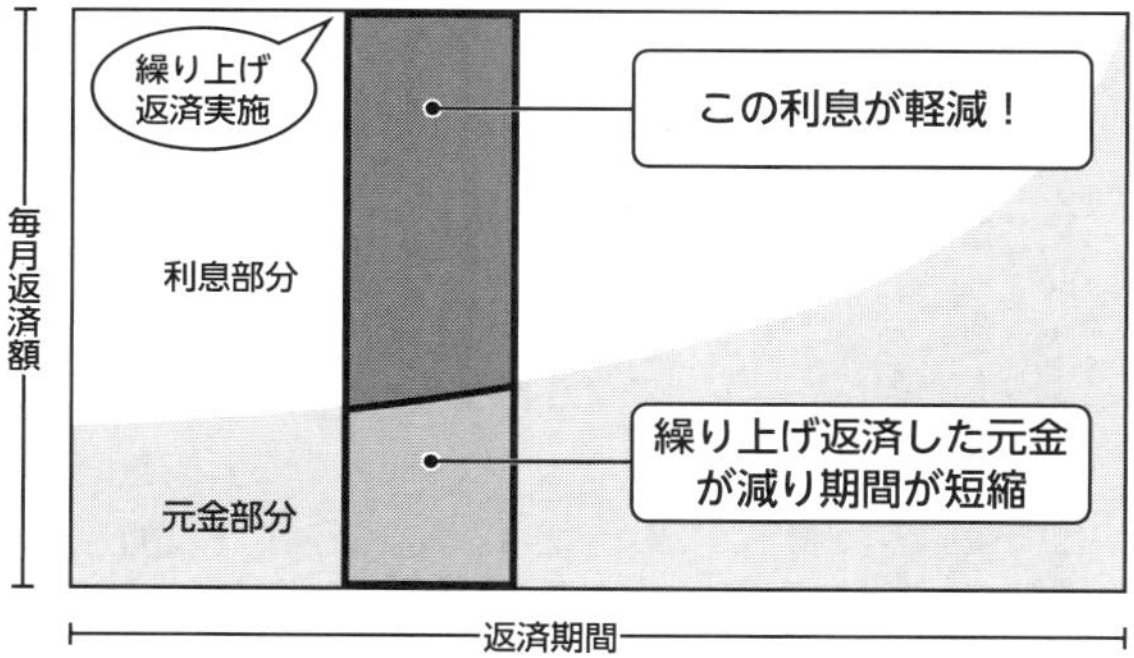

住宅ローンの繰り上げ返済（期間短縮）

借入金3000万円・金利３％の35年ローンの場合、５年目に300万円返すと、４年11ヶ月返済期間が短縮される（軽減される利息は383万円）。上の図の長方形部分が繰り上げ返済した部分で、利息の軽減効果は大きい。

は多いです。

例えば、図のようなケースで、５年目に３００万円を繰り上げ返済すると、35歳で３０００万円、35年ローンを組んでも、ほぼ65歳定年までに住宅ローンを払い終えることができます。

もちろん、40代、50代は子どもの教育費がかかるので、将来もらう退職金でローンを完済しようと思っている方もおられるでしょう。それぞれ家庭の事情があるので仕方がないかもしれませんが、その場合には、退職金で住宅ローンを支払うと、どれくらい老後資金が残るのかを、しっかり計算しておかなくてはいけません。退職金で住宅ローンを支払って、一円も手元にお金が残らなかったというようなことになると、老後にまた借金しなくてはならなくなるからです。

家を買うか、借りるか——80歳までの暮らし方がポイント

住宅については、買ったほうがいいのか、借りたほうがいいのかと悩んでいる人も多いようです。

「75歳の壁」として前述したように、75歳を過ぎると、要介護になるリスクが高まります。もちろん、介護状態になっても家を離れず施設には行かないという人もおられるでしょう。ただ、80歳を過ぎると、施設で過ごすという人が増えます。買うか借りるか迷っている方は、とりあえず80歳までの暮らしを考えてみるといいでしょう。

その場合のポイントは、3つあります。

(1) 職業が変わる可能性、あるいは定年後のことを考える。
(2) 家は、資産としては不安定と考えたほうがいい。
(3) 家族の構成が変わる可能性がある。

（1）職業が変わる可能性、あるいは定年後のことを考える。

80歳までの暮らしを考える時、30歳の方なら50年間、40歳の方なら40年間、50歳の方なら30年間あります。その期間、どこに住むのかということになります。

終身雇用の時代なら、まずは会社に通うのに交通の便がいいところということが考えられましたが、終身雇用が崩れた今は、1つの会社に勤務し続けるかどうかはわかりません。若い方ほど、会社が変わる確率は高くなります。また、50歳以上の人だと、リタイア後の生活のほうが会社に通う生活よりも長くなる可能性があります。

そう考えると、家を買うのなら愛着のある場所、住みやすい場所を選んだほうがいいということになるかもしれません。

（2）家は、資産としては不安定と考えたほうがいい。

家が資産と考えられた時代は、すでに終わっています。確かに、都心の一等地ならば住みたい人も多いので資産になるかもしれませんが、そうでなければ売る時には二束三文になってしまうと考えたほうがいいでしょう。特にバス便しかないマンションなどだと売るに売れないものもあります。

だとしたら、住みたい地域にあるマンションを、買った時と借りた時で比較してみるといいでしょう。

同じ分譲マンションを3500万円で購入する場合と、12万円で賃貸する場合を比べてみましょう（左ページ・図）。

まず、分譲のケース。40歳で30年ローンを組んだ場合、まず、初期費用として物件価格の5％にあたる175万円がかかります。月々の返済額は金利2％だと約13万円になり、70歳まで払うと支払総額は4680万円。さらに、マンションを買ったら、管理費、修繕積立金などは自分で払わなくてはなりませんから、これを月2万円、40年間支払うとすると約960万円。さらに、年10万円の固定資産税が40年で400万円なので、トータルで6215万円支払うことになります。

一方賃貸の場合は、初期費用として、敷金（2カ月）、礼金（2カ月）、手数料（1カ月）で、合計60万円かかります。家賃は月々12万円ですが、2年に1度の更新の時に家賃の2カ月分を更新料として支払うケースが多いです。これを考慮すると、40年間で6300万円になります。

この例では、購入と賃貸とでは費用には合計で100万円も差がないことがわかります。

同一マンション物件を賃貸した場合と購入した場合の総支払金額比較

	賃貸		持家	
初期費用	敷金（2か月）	240,000円	頭金	0円
	礼金（2か月）	240,000円	諸経費（物件価格の5%）	1,750,000円
	手数料（1か月）	120,000円		
	初期費用計	**600,000円**	**初期費用計**	**1,750,000円**
年間費用（41〜80歳）	家賃毎月支払額	120,000円	年間費用（41〜70歳） 毎月支払額	130,000円
			毎月管理費・修繕積立金	20,000円
			固定資産税（年1回）	100,000円
	更新費用 ※	120,000円	**年間支払額**	**1,900,000円**
			年間費用（71〜80歳） 毎月管理費・修繕積立金	20,000円
			固定資産税（年1回）	100,000円
	年間支払額	**1,560,000円**	**年間支払額**	**340,000円**
41〜80歳の総支払金額	初期費用	600,000円	初期費用	1,750,000円
	家賃・更新費	62,400,000円	ローン返済額	46,800,000円
			管理費・修繕積立金	9,600,000円
			固定資産税等（年1回）	4,000,000円
	総支払金額	**63,000,000円**	**総支払金額**	**62,150,000円**

「持家」のケースは、借入金3500万円・金利2%の30年ローンとする。
「賃貸」のケースは、家賃12万円とする。
※ 賃貸の更新費は2年に1回、家賃の2か月分発生。年間費用として1/2で計算

賃貸のメリット

- 震災で家が崩壊しても、負債を負わない
- 隣人とトラブルがあっても、最悪の場合、引っ越しが可能
- 風呂・トイレ等のメンテナンス費用は大家負担
- 住宅ローンは定額だが、賃貸は古くなれば家賃交渉が可能
- 家族構成が変われば、小さい部屋に引っ越すことで、家賃を抑えられる

ただ、ここで忘れてはいけないのは、メンテナンスなどのお金。持ち家だと、風呂が壊れてもトイレが壊れても、すべて自分の負担になりますが、賃貸の場合は、すべて大家負担になります。また、賃貸も古くなってくると、大家に賃料の値下げ交渉ができるケースもありますが、住宅ローンは減額交渉ができません。また、買った家は、震災などで倒壊してローンだけが残る可能性がありますが、賃貸なら別のところに移り住めばいいだけです。

もっとも、持ち家の場合には、築40年でも売れる物件もあります。ただし、価格は新築と比べて格安にしかならないでしょう。先ほど紹介した山田さんの事例は、決して特殊なケースではありません。

(3) 家族の構成が変わる可能性がある

今は、4人家族なので3LDKの間取りがないとゆったり住めないと思うかもしれませんが、10年後には子どもが巣立って2人だけになったり、離婚など何らかの理由で1人になってしまうというケースもなくはないでしょう。

こうした家族構成の変化については、賃貸のほうが対応しやすいのは間違いありません。

持ち家の場合には、買い換えるということになり、住んでいる家が高く売れれば問題ありませんが、安いと買い換えられないという事態も起きます。

以上3点を考慮した場合、**実は、賃貸でも持ち家でも、それぞれメリット、デメリットがあって、どちらがいいとは言えない状況です。**

また、マイホームを買う場合、問題は物件価格だけではありません。例えば、最近よく耳にするようになった「隣人リスク」。隣に住む人が見るからに危険そうな人だったり、傍若無人で大声を出すような人だったりで耐えられなくなっても、持ち家の場合には、おいそれとは住まいを変えられないということも覚えておきましょう。

安いマンションを買うメリット、デメリット

「安いマンション」にはそれなりの理由があるもの。代表的なものは4つです。

(1) バス便など立地条件が悪い。

(2) 築年数が古い。

（3）瑕疵物件
（4）定期借地権付きマンション。

（1）は、すでに述べたように売るに売れなくなる可能性があります。
（2）は、築年数にもよりますが、あまり古いと老朽化した時の対応が大変です。リノベーションなどで室内は綺麗になっていても、躯体がボロボロの可能性があります。ただし、マンションは住んで1年しか経っていなくても価格は中古扱いで安くなるので、特に新築へのこだわりがなければ、築浅のものを買うのがお得かもしれません。
（3）については、物件価格は安いですがその理由を、売る時に必ず業者が説明しなくてはならないことになっています。例えば、その部屋で自殺した人がいたなどということも買い手に必ず報告しなくてはならないことになっているので、売りづらくなります。
（4）とは、建物は購入するけれど、土地は（一般には50年間以上）借りるというものです。多くのマンションは、50年経ったら取り壊して更地変換しなくてはならず、そのぶん、通常のマンションよりも2～3割は安くなります。
定期借地権付きマンションの最大メリットは安いこと。ただし、土地を借りているため、将来建物を解体して返さなくてはいけないのでその積立金が月5000円から1万円かかります。けれど、それを払っても、土地の固定資産税が必要ないので、通常買うよりもかなり安くなります。

注意したいのは、**中古の場合、解体までの期間が少なくなると売りにくくなるというデメリットがあるということ。**また、老朽化してきても、いずれ壊してしまわなくてはいけない物件なので、丁寧なメンテナンスが行われない可能性もあります。

安いマンションには、それなりの理由があります。それを、しっかりチェックしておくべきでしょう。

借金が多くてもマイホームを手放したくない人へ

借金が返せなくなってしまったら、自己破産で負債をなくすか、物件を任意売却して借金を免じてもらうという方法があります。ただ、この2つの方法では、マイホームは手放すしかありません。

そこで、借金だらけで苦しいけれど、せっかく購入したマンションを手放したくないという時には、「個人版民事再生手続き（以下、個人再生）」を利用できる場合もあります。

個人再生は、裁判所に再生計画を提出して許可を受けた住宅ローン以外の借金を5分の1程度に減額し、それを原則3年間で滞りなく完済すれば、もう返済しなくてよいというものです。**住宅ローンは残りますが、自宅などの財産を維持したまま、借金を軽減できます。**

債務整理というと、財産を手放して借金を帳消しにする「自己破産」を思い浮かべる方も多いと思いますが、「自己破産」は家を手放さなくてはならないので最終手段です。債務整理には、このほかに、銀行などローンの貸し手と相談し、**借金の元金は減額せずに利息をカットする方法や返済期間の延長などで返済しやすくする方法もあります。**

こういった方法は当事者間の交渉で裁判所を介さないため、正確な数が把握できませんが、住宅ローンだけでなく、教育ローン、カードローンなど借金に苦しむ人が増えている中では、かなりの数がいるのではないかと思います。

いっぽうで、ローンで困っている人につけ込む業者も増えています。例えば、「どうせ破綻するなら、カードで換金性の高い商品を買えるだけ買ってから破綻しましょう」と商品買いに誘導する業者。けれど、うっかり口車に乗ってカードを使いまくると、自己破産はできても、肝心の免責（借金をチャラにする）が認められなくなる可能性があります。

もし、自分ではどうしていいのかわからなければ、１４２ページで紹介しているようなところで相談をするといいでしょう。

第2章 「子どもの将来」という病

——教育費で「老前破産」

3人の子ども、幸せな家庭

「家族がバラバラになって一家離散してしまった一番大きな原因は、子どもの教育費でした」

新潟県の吉川宏さん（仮名・55歳）は、うつむきながらそう話した。

吉川さんが、2つ年下の奥さんと出会ったのは27歳の時。1989年、バブル最高潮の時代だ。新潟では大手といわれる会社に勤め、職場で知り合い、職場結婚をした。結婚後は、同じ職場だと同僚に気を使うということで、奥さんは系列の別会社に異動になったが、共働きを続けていた。

27歳で吉川さんの給料は300万円、奥さんの給料は250万円で、2人合わせて550万円。他の家庭に比べると高収入だった。結婚1年後には長女が生まれ、その2年後には次女が誕生した。4人家族では借家が手狭になったので、次女が生まれた翌年に新潟市内に一戸建てを買った。

その時の2人の夢は、2人の子どもたちと、夢のマイホームで楽しく暮らすこと。その夢が叶って吉川さんは、仕事が終わると毎日家に直行した。

そして、次女が生まれた2年後（1994年）に長男が生まれた。もちろん、待望の男の子なので、吉川さん夫婦もそれぞれの両親も大喜びで、2人にとってもご両親にとっても、それは嬉しいことだった。

3人の子どもをしっかり育てようと思い、その時は、天に感謝した。

ただ、3人目を授かったことが、後々吉川さんの運命を変えることになってしまった。

「会社を辞めたい」

子どもを2人産んでも、妻は頑張って働いていた。けれど、3人目の長男が生まれた時、会社を辞めたいとこぼした。

そう言われても、妻に会社を辞められると、生活していけない。32歳で係長になっていたので給料も少しは増えたが、それでもまだ年収は350万円ほど。その給料で、妻と3人の子どもを養っていく自信はなかった。

そこで妻に頭を下げ、「俺も一生懸命に子育てするから、働き続けてくれないか」と頼んだ。4歳と2歳と生まれたばかりの赤ん坊の3人の子どもの面倒を見るというのは、並大抵のことではない。専業主婦でも大変なのに、フルタイムで働いている妻にとっては、とてつもない重労働だった。その苦労がわかるので、吉川さんもできる限り家事を手伝った。子どものおむつを替え、風呂に入れ、保育園の送り迎えもした。毎日が目の回る忙しさだった。

子どものことでたくさん喧嘩もしたが、それでも日曜日には家族でドライブに出かけたり、近くの公園に出かけたりして、それはそれで楽しい日々だったと言う。

ただ、長女が高校に入学した頃から、妻が話しかけても上の空で返事をしなくなった。吉川さんも課長になり、部下の面倒を見なくてはいけない立場で忙しく、夫婦の会話といっても家事の分担や、子どもの学校をどうするのかといった事務的な話に終始した。

すでに長女は高校1年生、次女は中学2年、長男は小学6年生になっていて、自分のことは自分でできるようになっていた。だから、時々は職場の同僚や部下と飲んで夜遅くに帰ることもあったが、そういう時は、必ず「遅くなるから、メシはいらない」とメールを入れていた。

そんなある日、職場の後輩に「プライベートなことで相談したい」と言われ、仕事が終わって飲みにいった。いろいろ忙しい連絡があってついつい妻に連絡するのを忘れてしまい、家に帰ると妻が激怒していた。そんなに怒るようなことなのかと思ったが、その場を丸く収めるために妻に平謝りして、なんとか気持ちをおさめてもらおうとした。しかし、妻はいつにもなくキレまくり、「なんで、私ばかりがご飯をつくって待っているのよ」と、吉川さんに向かって、食器を投げつけた。

1冊のノートと離婚届

話す吉川さんの言葉を怪訝に思い「なぜ奥さんは、そんなことくらいで物を投げつけたりするんですか」と聞くと、吉川さんは思いを巡らせながら、言いにくそうに「それは、私が悪いんです」とうつむいた。

実は、妻がキレる1年ほど前、吉川さんは一度だけ不貞を働いたことがあり、その相手が家に電話してきて、2人の関係が妻の知るところとなってしまったのだそうだ。忘年会で酔い、その勢いで部下の女性と間違いを犯し、相手の女性には平謝りに謝ったが、それがかえって逆効果で、「私をなんだと思っているの。奥さんに言ってやる！」ときかず、電話に出た妻に、あることないことぶちまけたというのだ。

夫の過ちを知って妻は怒ったが、「酒の上の過ちで、相手のことを好きでもなく、付き合っているわけでもない」ということを妻にわかってもらい、その場は何とかおさまったと思っていたという。

ところが、妻はそれを水に流してくれてはいなかった。帰りが遅いことにキレた妻は、泣きじゃくりながら、自分があの時どんなに悔しかったか、どんなに惨めだったかと言いながら、さらに物を投げるのに拍車がかかって、手がつけられなくなってしまったのだ。

部屋では、子どもたちが事の成り行きを不安いっぱいで見守っているようだった。まさか、子どもに危害を加えるようなことはないだろうから、ひとまず自分が家を出て、妻の心を落ち着けたほうがいい。そう思い、吉川さんは、その夜は近所のホテルに泊まった。

翌日、妻が好きなショートケーキを買って家に帰ると、キッチンテーブルに1冊のノートが置かれていて、妻の姿は見えなかった。子どもたちに聞くと、荷物をまとめて出ていったと言う。ノートを見ると、そこには毎日、吉川さんが何時に帰ってきたのか、食事はどうしたとか、○○から携帯に電話があったというようなことが、妻の不満と一緒に書かれていた。どこから電話があったのかというのは、自分が寝た後に携帯電話を見てメモしたのだろう。当然ながら、来たメールも全部チェックしていたものと思われる。

そして、最後に「あなたが、嫌いです。別れたいと思います。子どもたちをよろしくお願いします」と書かれていて、妻がサインした離婚届が添えられていた。

驚いて妻の実家に電話をすると、来ていないと言う。

翌日、妻が働いている会社に電話をしたが、すでに2カ月前に会社を辞めているとのことだった。吉川さんにとっては、寝耳に水だった。

住宅ローンが2倍に

妻の友人や会社の同僚など、思いつく限りの人に電話をかけてわかったのは、妻がある男性と一緒にいるということだった。どこで知り合ったのかはわからないが、2カ月ほど前から付き合っていたという。

その男性は、個人で設計事務所を経営していた。妻は会社を辞めてからというもの、昼はその設計事務所で男性の手伝いをし、夜は会社から帰ってきたふうを装って家族の食事をつくるということを、2カ月も続けていたようだ。

妻と一緒に相手の男性にも会ったが、妻は離婚して新しく人生をスタートさせたいというし、相手の男性も妻と一緒になりたいと言う。しかも、自分を好きだと言ってくれる男性と一緒だからなのか、妻は強気の態度で、「悪いのは、あなたなんだから」と責めるような、突き放すような口調で取り付く島もない。

最後は、双方の両親をも巻き込んだ騒動になったが、すでに心変わりしてしまった妻を引き止めることはできなかった。

妻は家を出ていった。

住宅ローンは、夫婦連帯債務で2人の名義でそれぞれが返済していたが、妻が出ていったので免責的債務引受の手続きを行い、吉川さんが1人で住宅ローンを支払うことになった。いきなり、住宅ローンが2倍になったのだ。

家事は、長女と次女が主に行った。吉川さんも課長なので、給料は550万円ほどになっていた。けれど、2倍になった住宅ローンを支払い、3人の子どもを育てていくのは並大抵ではない。中学校までは義務教育なのでお金はそれほどかからないが、高校生になると、授業料に加え、塾代その他でお金がかかる。なので、ほとんど貯金もできず、長女の大学入試までの約3年間で200万円を貯めるのが精一杯だった。

長女は大学受験で、下の2人の子どもも大学を目指していた。これから大幅に増えていく教育費を考え、どうすればいいのか途方にくれる。

けれど、子どもたちに「進学はあきらめろ」とは言えない。子どもたちにも言い聞かせ、生活費も切り詰められるだけ切り詰め、吉川さんも酒やタバコをやめた。

消費者金融で予備校費用を工面

長女が目指す大学に合格した。受験でかかったお金は、合格した滑り止めの学校への納付金もあわせて約40万円。さらに、入学金と初年度納付金で120万円ほどかかり、200万円あった預金は、いっきに40万円に減った。

しかも、それは初年度だけ。2年目以降、長女がバイト代と奨学金でなんとかやりくりしていくことになったが、それでも足りなくなり、国の教育ローンを200万円借りた。

問題は、次女だった。長女の大学進学で貯金を使い果たしてしまったので、借金するしかない。国の教育ローンを300万円借り入れ、あとはやはりバイトと奨学金で本人が何とかすることになった。

さらに深刻だったのが、一番下の長男のときだった。住宅ローンと教育ローンの返済額を合わせた支払い金額が吉川さんの返済能力を超えてしまっており、新たに教育ローンを借りることすらできなかった。

それでも、本人は大学を希望していたのでダメだとは言えず、何とか消費者金融でお金を借りて大学を受けさせた。ところが、なんと受けた大学はすべて不合格。それでも、友人がみんな大学に行っているのだから自分も行きたいというので、1年間浪人させ、その予備校の費用も消費者金融で借りた。

何とか1年浪人して大学には合格したが、住宅ローンと教育ローン、消費者金融からの借り入れが膨らみ、吉川さんは、もうこれ以上借り入れできないという状況に陥っていた。

自己破産、バラバラの家族

今、吉川さんの家族は、みんなバラバラに暮らしている。吉川さんは、膨れ上がった借金を清算してもう一度生活を立て直すために、自己破産を選んだ。そのために、自宅を失い、小さな2Kのアパートで暮らしている。

長女は大学卒業当時、就職氷河期のあおりを受け正社員になれず、レジャー施設で住み込みのバイトをしながら、奨学金を返している。次女は、小さな会社に就職し、ワンルームマンションに住みながら奨学金を返している。長男もワンルームを借り、アシスタント・ディレクターとして放送関係の仕事に従事している。

今の吉川さんの夢は、小さな家でもいいから、家族が再び一緒に暮らすこと。そのために、節約を重ね、月に10万円ずつ貯金している。皮肉なことに、自己破産によりローンの返済がなくなったので、貯金する余裕ができたのだ。

吉川さんは、現在55歳。定年は60歳だが、申請すれば65歳まで働ける。その間に退職金も合わせて2000万円くらいの貯金はできるのではないかと思っている。ただ、家を買ったら、今度は自分の老後資金がなくなってしまう。そう考えると、一家がまた1つの家に暮らすというのは、やはり夢なのだと力なくつぶやいた。

教育費破産の実態

教育費で、破綻するご家庭が増えています。

昔は、頭はいいけれど家が貧乏だという子どもには、国立大学で学ぶという道がありました。

今の団塊の世代が大学生だった1970年頃の国立大学の学費は、物価水準が違うとはいえ、なんと年間1万2000円。72年に3万6000円となり、76年には大規模な値上げがありましたが、それでも年間10万円前後でした。

もちろん私立大学に行こうと思ったらもっと高いですが、**授業料を1975年と2015年で比べると、国立大学は約15倍と急激に上がっています。**いっぽう、私立は5倍弱の値上がり。いかに国立大学の授業料の値上がりが激しいかがわかります。

学びたいのに、家が貧しいために夢を諦める人も増えています。ある一人の男性の例を紹介したいと思います。

私が出会った野口隆さん（22歳、会社員・仮名）は、高校時代の模擬テストで県内十指に入る成績優秀な青年でした。そのため、優秀な成績で国立大学に入学して給付型の奨学金を支給されました。今日本では、大学生の約半分が奨学金を受けていますが、学校によっては、成績優秀な学生には、返済する必要がない給付型の奨学金を出しているところもあります。野口さんもこの給付型の奨学金をもらっていたのですが、これをもらい続けるには、通常の1・2倍ほどの単位取得が必要でした。

野口さん一家は、母と妹と暮らす母子家庭。そのために生活費を稼がなくてはならず、一生懸命にバイトをしたために単位不足に陥って奨学金を停止されました。自分のために

国公私立大学の授業料等の推移

（単位：円）

	国立大学		公立大学		私立大学	
年度	授業料	入学料	授業料	入学料	授業料	入学料
1975	36,000	50,000	27,847	25,068	182,677	95,584
1976	96,000	↓	66,582	74,220	221,844	121,888
1977	↓	60,000	78,141	80,152	248,066	135,205
1978	144,000	↓	110,691	90,909	286,568	157,019
1979	↓	80,000	134,618	104,091	325,198	175,999
1980	180,000	↓	157,412	119,000	355,156	190,113
1981	↓	100,000	174,706	139,118	380,253	201,611
1982	216,000	↓	198,529	150,000	406,261	212,650
1983	↓	120,000	210,000	167,265	433,200	219,428
1984	252,000	↓	236,470	178,882	451,722	225,820
1985	↓	↓	250,941	179,471	475,325	235,769
1986	↓	150,000	252,000	219,667	497,826	241,275
1987	300,000	↓	290,400	230,514	517,395	245,263
1988	↓	180,000	298,667	261,639	539,591	251,124
1989	339,600	185,400	331,686	268,486	570,584	256,600
1990	↓	206,000	337,105	287,341	615,486	266,603
1991	375,600	↓	366,032	295,798	641,608	271,151
1992	↓	230,000	374,160	324,775	668,460	271,948
1993	411,600	↓	405,840	329,467	688,046	275,824
1994	↓	260,000	410,757	357,787	708,847	280,892
1995	447,600	↓	440,471	363,745	728,365	282,574
1996	↓	270,000	446,146	371,288	744,733	287,581
1997	469,200	↓	463,629	373,893	757,158	288,471
1998	↓	275,000	469,200	375,743	770,024	290,799
1999	478,800	↓	477,015	381,271	783,298	290,815
2000	↓	277,000	478,800	383,607	789,659	290,691
2001	496,800	↓	491,170	387,200	799,973	286,528
2002	↓	282,000	496,800	394,097	804,367	284,828
2003	520,800	↓	517,920	397,327	807,413	283,306
2004	↓	↓	522,118	397,271	817,952	279,794
2005	535,800	↓	530,586	401,380	830,583	280,033
2006	↓	↓	535,118	400,000	836,297	277,262
2007	↓	↓	536,238	399,351	834,751	273,564
2008	↓	↓	536,449	399,986	848,178	273,602
2009	↓	↓	536,632	402,720	851,621	272,169
2010	↓	↓	535,962	397,149	858,265	268,924
2011	↓	↓	535,959	399,058	857,763	269,481
2012	↓	↓	537,960	397,595	859,367	267,608
2013	↓	↓	537,933	397,909	860,266	264,417
2014	↓	↓	537,857	397,721	864,384	261,089
2015	↓	↓	537,857	397,721	—	—

（注） ①年度は入学年度である
②国立大学の平成16年度以降の額は国が示す標準額である
③公立大学・私立大学の額は平均であり、公立大学入学料は地域外からの入学者の平均である

出典・文部科学省「国立大学と私立大学の授業料等の推移」

働き詰めで病気がちになった母親を少しでも楽にさせたいと、寝る間も惜しんで勉強とバイトに励みましたが、その努力もむなしく、無慈悲な奨学金打ち切りで退学を余儀なくされてしまったのです。

今の日本は、どんなに頭が良くても、どんなに頑張っても、親が豊かでないと子どもは充分な教育が受けられない。そんな希望のない中では、結婚して家庭を持ち子育てするなどということは贅沢だと、野口さんは怒りまじりに言い捨てました。

なぜ、野口さんのような優秀な若者が、教育現場から見捨てられていくのでしょうか。

高等教育への公的支出が少ない日本

優秀で真面目な努力家でも、なぜお金がなくては教育が受けられないのかといえば、日本では、高等教育に国があまり力を入れてこなかったからです。

経済協力開発機構（ＯＥＣＤ）によれば、加盟国各国の国内総生産（ＧＤＰ）に占める小学校から大学までの教育機関への公的支出は、日本が３・２％で加盟34カ国の中最低。特に高等教育への公的支出の割合は、ＯＥＣＤ平均の70％に対し、日本は半分にも満たない34％でした。

小学校と中学校は義務教育で、高校も年収がそれほど高くない人は授業料無償化がすすんでいますが、大学に行こうと思ったら、国が費用負担をあまりしてくれないぶんを家計が負担しなくてはならないということです。

ひとたび、大学に入学すると学費のほかに受験料や入学金、施設活動費などで国立大学でも卒業するまでに500万円以上かかります。

これほど、高等教育の費用負担を家庭任せにしている国は、先進国にはありません。

例えば、フランスなどは大学の授業料は無料。バカロレアという大学に進学するために絶対に必要な試験があり、この試験に受かっていることが条件ですが、受かっていれば、医学部以外はどこででも無料で学べます。大学に入れば相当に勉強しなくては卒業できませんが、なぜ大学は授業料が無料なのかといえば、**フランスの教育制度は、常に「機会の平等」ということを軸に考えられているからです。したがって貧しい学生には、住居の支援や生活費の一部を負担してくれるケースもあります。**少なくとも日本のように、頭が良くても学費が稼げないので大学には行けないということはありません。

自民党は、2017年10月の衆議院選挙で「高等教育の無償化」を掲げて大勝しました。「所得の低い家庭の子どもたちに高等教育を無償で受けさせるために、必要な費用をまかなう給付型奨学金や授業料減免措置を大幅に増やします」というのが自民党の公約でした。ところが、選挙が終わって2週間しか経っていない段階で、早くも党内で「**一部の生徒を優遇して、無償で奨学金を出してあげるというのはいかがなものか**」**という意見が出てきました。**大学については、住民税を支払えないような世帯については、国立大の授業料、入学金を免除する方向で検討されていますが、ただ、生活保護世帯は、世帯分離をしなければならないなど、課題は山積みです。

大学退学要因に占める「経済的理由」の割合

日本では、「経済的理由」による大学の中途退学や休学が増えています。

2016年2月に行われた大学調査によると、せっかく大学に入学したのに経済的理由で退学してしまう学生の割合は、国立大学が6・8％、公立大学が6・7％、私立大学が11・3％でした（昼間の学部）。国立大学について中途退学の理由を見ると、経済的理由が6・8％で、「一身上の都合」が16・5％。途中で学生を辞めて就職するというケースが16・8％あります。経済的理由と答えた人はもちろんですが、就職した人や、「一身上の都合」のかなりの割合は経済的理由からではないかと推測されます。つまり、「経済的理

国内中途退学者の退学理由（昼間部）

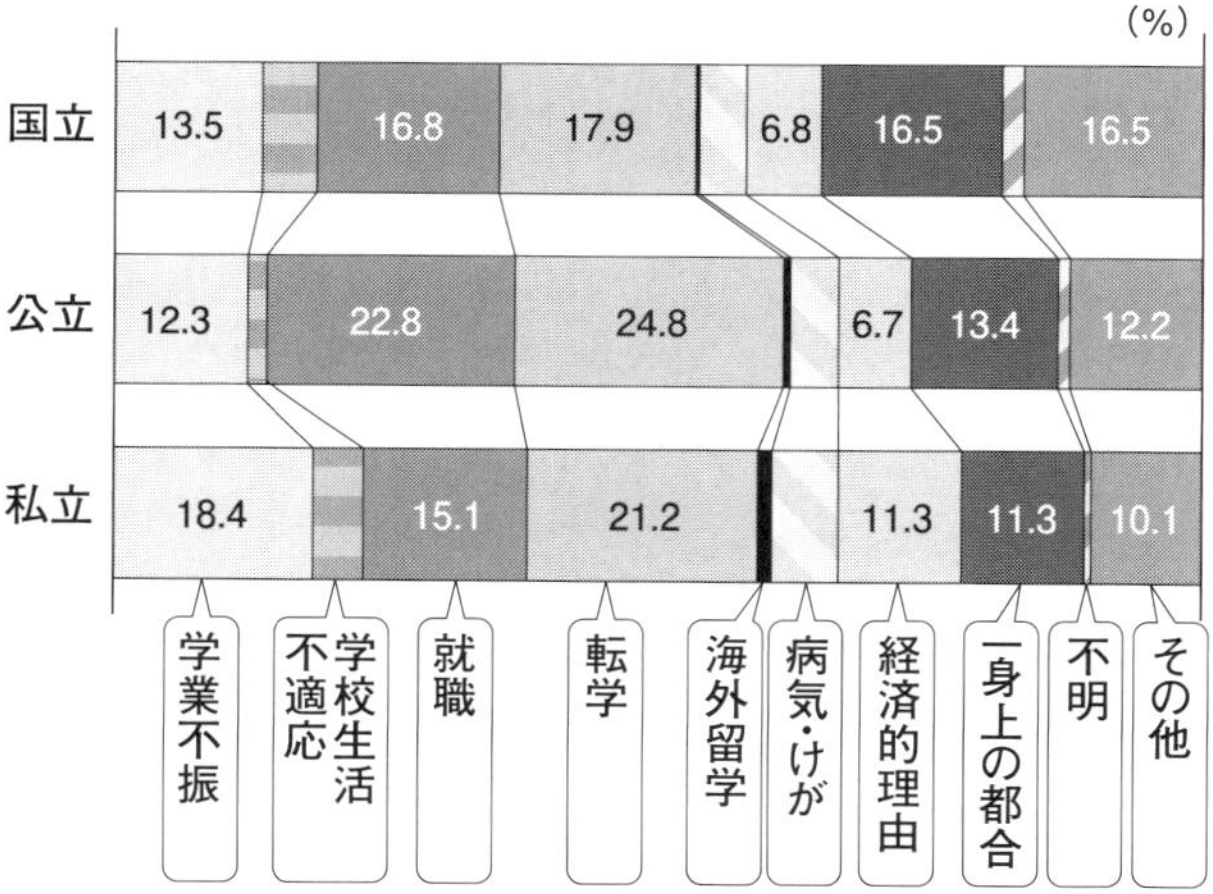

出典・文部科学省先導的大学改革委託推進事業「経済的理由による学生等の中途退学の状況に関する実態把握・分析等及び学生等に対する経済的支援の在り方に関する調査研究」

由」で大学を辞めていく人は、退学者のかなりの部分を占めるのではないかと思われます。

国が教育にお金を出さない以上、子どもをしっかり大学まで上げようと思ったら、家計が教育資金を用意するしかありません。

借りるなら、奨学金と国の教育ローンを検討

すでに住宅ローンを抱えているご家庭の場合、教育資金がたまっておらず、教育ローンに頼るしかないケースが多く見られます。

教育資金を借りるには、検討す

る順番が大事です。

最も有利なのは、日本政策金融公庫の「国の教育ローン」。日本学生支援機構の奨学金とも併用できます。1人最高350万円まで借り入れ可能。海外留学の場合には、一定の条件付きではありますが450万円まで借り入れ可能です。

利率は固定1・76％で最長15年まで借りられます。在学中の返済は利息のみということもできるので、親が借りて在学中は利息だけを支払い、卒業後に就職したら本人に支払わせるということも可能です。ちなみに、100万円を10年返済で借りると、月々の返済額は9200円。

民間の金融機関で借りる場合には、利率を見ると比較的安いのが、JAバンクや労働金庫。例えば、JA横浜の場合、ネットで申し込めば保証料込みで固定1・8％から3・8％。JAとは昔の呼び名では「農協」ですから、農家の方しか使えないと思っている方も多いでしょう。けれど、金融に関しては、農家に限らず一般の方にも貸し出ししているところが多いので、利用したければ最寄りのところに聞いてみるといいでしょう。

労働金庫も比較的金利は安く、中央労働金庫だと、団体会員でカード型なら変動2・9％、生協会員の組合員なら変動3・18％。カード型はコンビニなどでもすぐに引き出せます。

銀行などはちょっと高めで、例えば、三菱東京UFJ銀行ではネットなら変動3・975%ですが、窓口受付だと変動4・475%です（これらの金利はすべて17年12月現在）。

ただ、多額な教育資金をすべて親が出すというのでは、その債務により親の老後が危うくなる可能性もあります。限度はありますが、本人にもなるべく奨学金をとったりバイトをしたりという自助努力をしてもらいましょう。その上で、足りないぶんを親が負担してあげるようにしなければ、共倒れしてしまうご家庭もあることでしょう。

子どもがまだ小さいなら、貯蓄の余裕もあります。**目安は、子どもが大学に入る前までにひとり300万円を用意してあげること。**2人なら600万円。あとは、自分でなんとかするように言ったほうがいいでしょう。

奨学金の滞納が増えている

最近は奨学金を返せず、滞納する人が増えています。

日本学生支援機構では、3カ月以上の滞納者には民間の債権回収業者が督促を行い、これに繰り返し応じない場合は法的措置が講じられます。2015年度には、給料の差し押さえなど強制執行まで及んだケースが498件。10年前の120倍以上との報道もありました。

すでに社会問題化している奨学金の返済についてですが、日本学生支援機構でもいくつかの救済制度を設けています。

これまでも、奨学金を借りた本人の年収が300万円以下の場合、申請すると返済期限を最長10年間猶予してもらえる仕組み自体はありました。ですが、返済方法は、毎月決められた一定額を返す「定額返済」しかありませんでした。

これに対して**2017年度からは、「所得連動返還型」と呼ばれる返済制度が始まりました。**本人の年収から各種控除を除いた所得の9％を返済額とするものです。

例えば、月5万4000円の無利子奨学金を4年間借りるケースで見ると、返済総額は259万2000円ですが、これを従来の定額返済で返すと月1万4400円で15年間返済することになります。ただ、借り手の学生がその後にきちんとした職につけず、年収200万円で各種控除後の所得が約62万円だったとすると、その年の返済額は所得の9％の月約4700円とかなり楽な返済額になります。「定額返済」か「所得連動型」かを選べるのです。

大学を卒業しても、就職できるとは限りません。まずは、そのきびしい状況も、子どもに伝えておいたほうがいいでしょう。

第3章　年金70歳時代を生き抜くための「基本心得」

老後に向けて、資産の棚卸しをする

第1章では住宅ローン、第2章では教育費のおそろしさについて見てきましたが、将来の経済的な安定を考えた時に、まずしておかなくてはいけないのが、「資産の棚卸し」です。

商売をしている人は、定期的に今ある商品の在庫を数えて在庫管理をします。これは「商品の棚卸し」というもので、在庫を調べて今の状況を把握することで将来的な販売計画などを立てやすくなります。

これと同じように、**家計でも、自分が持っている資産が現段階でどういう状況にあるのかがわかると、それをどう管理していればいいのかが見えてきます。**こうして、今自分が持っているものをチェックし書き出して、将来設計をするのに役立てるのが、「資産の棚卸し」です。

具体的には、72ページにある表のように、現在ある貯金や投資信託、株式、保険などのプラスの資産と、住宅ローンなどのマイナスの資産（負債）を見開きで書き出します。

これは、見開きでないといけません。**ポイントは、プラスの資産とマイナスの資産が一**

目でわかることです。

こうしてすべて書き出して眺めてみると、「我が家は、借金が多いな」とか、「貯金があるのに入れっぱなしだから、これで自動車ローンを返してしまったほうがいい」「俺が死んだらかなりの保険が出るが、子どもが社会人になって教育資金もかからなくなっているのだから、こんなには必要ないだろう」などと、見開きの表を眺めながら、いろいろ考えることができるからです。

その際には、**ご主人や奥様のどちらかが独断で物事を進めるのではなく、2人で話し合って決めていきましょう。**

妻は子育て、夫は仕事というかたちで家庭内分業しているご家庭も多いでしょう。けれど、家庭生活は、2人で一緒に進めていかなくてはうまくいきません。家計を2人で共有し、どうするのか考えていかないと、より良い方向性は生まれません。また、2人で考えるということは、それだけ2人の会話を増やすことになります。

会話を増やし、コミュニケーションを増やすためにも、老後に突入する前にいちどはやっておきたい作業です。

不動産			
場所	種類	面積	評価額
富士見町	自宅	30坪	1500万 円
千代田町	投資用マンション	10坪	600万 円
			円
不動産小計			2100万 円

・土地や不動産は、今売った場合の金額を記入します。近所の不動産会社に査定を依頼すれば、計算してもらえます。もしくは、同じマンションの最近の売買例なども参考になります

車や宝石など			
種類	名義人	数量	時価
自動車	山田太郎	1	100万 円
			円
車や宝石など小計			100万 円

・車やオートバイ、宝石や貴金属、ブランド物の時計、バッグなど、換金価値の高そうなものを記入します。中古車販売店や質屋で買い取り価格の査定が可能です。インターネットは数社の見積もりを一度に取れるので、便利です

負　債			
金融機関	種類	金利	残債
○○銀行	住宅ローン	3%	−3000万 円
××銀行	教育ローン	4%	−100万 円
▲▲銀行	投資マンションローン	3%	−900万 円
負債小計			−4000万 円

・カード会社や消費者金融からの借入額や、住宅ローン、教育ローンの残債額を記入します。他に、分割払いしている金額の大きい商品があれば、その未払い金も記入しましょう

合計　500万+500万+2100万+100万−4000万= **−800万**円

=今ある資産

「資産の棚卸し」はこんな表で！

老前破産に陥らないために、ぜひやっておきたいのが、「資産の棚卸し」。貯蓄のほか、保険、不動産の金額を時価で出してみましょう。大まかな額がわかれば大丈夫。これを踏まえて、将来設計をしてみましょう

貯蓄や投資信託・株式など			
金融機関	貯蓄の種類	名義人	金額
○○銀行	普通預金	山田太郎	100万 円
××銀行	定期預金	山田花子	300万 円
△△証券	投資信託	山田太郎	100万 円
			円
			円
貯蓄小計			500万 円

・預貯金はATMで現在の通帳残高を確認して記入します
・投資信託は「直近の基準価額」×「保有口数」で出すことができます
・株式は「前日の終値」×「保有株数」を時価と考えます。新聞やインターネットで、基準価額や株価を簡単に知ることができます。夫婦2人分の口座をもれなくチェックしましょう

保　険			
保険会社	保険の種類	被保険者	解約返戻金
●●生命	定期付終身	山田太郎	200万 円
□□生命	終身	山田花子	300万 円
			円
			円
保険小計			500万 円

・保険は「解約返戻金」（解約時に返ってくるお金）が時価となります。1年に1度送られてくる「保障内容のお知らせ」に記載されている額を記入しましょう。ただ、掛け捨ての保険には解約返戻金はほとんどありません

50歳で貯蓄と負債がプラス・マイナス・ゼロなら勝ち組

自分の家庭の「資産の棚卸し」をしてみると、実際にどれだけの貯金があり、負債があるのかがはっきりしてきます。

実は、**一般的なサラリーマン家庭だと、この貯蓄と負債が50歳の時点でプラス・マイナス・ゼロになっていれば、ほぼ勝ち組**といえるのです。

例えば、27歳くらいで子どもが生まれると、50歳になった時点で子どもが社会人になり教育費がかからなくなるという人が多いでしょう。これまで述べてきたように、教育費というのは家計にとっては大きな負債になる可能性があります。この負担がなくなっていれば、家計はかなり楽になっているはずです。

そしてもう1つ、第1章で見たように、多くの家庭にとって大きな負担となっているのが、住宅ローンです。住宅ローンを70歳まで支払わなくてはならないといった家庭では、年金だけでは生活できなくなる可能性があります。

逆に言うと、**教育費の支払いや住宅ローンなどの負債がなければ、たとえその時点で貯金がゼロであっても、大丈夫なのです。**なぜなら、50歳で負債がゼロになっていれば、60

歳までの10年でしっかり老後資金を貯められるからです。

一生懸命に繰り上げ返済して50歳で住宅ローンの支払いが終わっていれば、それまで住宅ローンで支払っていたお金は貯蓄に回せます。さらに、子どもにかかっていた教育費がかからなくなれば、それも貯蓄に回すことができます。加えて、子どもに手がかからなくなっているので、奥さんがパートに出て収入を得ることもできます。そのパート代も貯金にまわすことができるのです。

住宅ローンと教育費で払っていたぶんを貯金に回すことができ、さらに奥さんのパート代も上乗せできれば、月15～20万円くらいの貯金は難しくないでしょう。

仮に月15～20万円の貯蓄ができたとしたら、60歳までの10年間で、1800～2400万円くらいは貯金できることになります。

ここに退職金をプラスすれば、老後までに3500万円くらいの貯金ができます。3500万円の貯金に加えて、サラリーマンなら2人で20万円前後の年金がもらえる人が多いので、それほど老後生活で困ることはないでしょう。

もちろん、50歳でプラス・マイナス・ゼロというのは、あくまでも「理想」です。一般的に見てかなり難しい基準だと思うので、50歳でゼロになっていないからといっても、がっかりする必要はありません。

まず、借金を少しでも減らすことから取り組みましょう。そして、少しでも早く家計の資産をプラス・マイナス・ゼロの方向に近づけるというのが、勝ち組への道です。

人生は、登山に似ています。最初から「定年までに○○万円貯めましょう」と言われても、初めからエベレストを目指しましょうと言われているようなもので、あまりに遠くて挫折しがちになります。けれど、まず近いところに目標を置き、その山をしっかり制覇して自信がつけば、エベレストも夢ではない。

すでに50歳を過ぎているという人も、まずは家計の資産のプラスとマイナスを出し、これをゼロに近づける努力をしましょう。そのためには、あまり無理のない範囲で、「負債1000万円以下を55歳までに達成!!」といった目標を立て、そのために節約したり妻が働くなどの方法を考えましょう。そうやって老後への備えを1歩ずつ進めましょう。

家計の見直しは、夫の視点と妻の視点で！

「財産の棚卸し」をして、自分の資産のプラス・マイナスがわかったら、次に大切なのは、マイナス面をどうやってプラスにしていくかです。

基本としては家計をダウンサイジングして、貯金ができるようにすることが必要となります。簡単に言えば、無駄をなくして節約するということです。

家計の無駄をなくして節約するというと、なんとなく妻の仕事と思う人もいるかもしれませんが、2人で安心な老後を迎えるには、夫婦それぞれの視点が必要となってきます。なぜなら、同じように家計をダウンサイジングしようと考えても、夫の視点と妻の視点は違うケースが多いからです。

妻が得意とするのは、買い物回りを含めた細かな日常の節約。多くのご家庭では、日々の買い物や献立作りは妻の仕事になっているので（最近は、ご主人がされるケースもあります）、チラシを見て安いものを買うとか、タイムセールをチェックして割安に買い物をする術に長けている妻は多いようです。

しかし、**保険の見直しや住宅ローンの借り換えといった大きなお金については、妻より夫のほうが得意だというご家庭は多いです。**会社で事業の3カ年計画、5カ年計画などという書類をパソコンで作成しているご主人もおられると思いますが、こうした計画づくりというのは、データの積み重ねになるので、女性よりも男性が向いているケースが少なくありません。

家計の現状やライフプランなどは、パソコンでグラフや一覧にして「見える化」すると一段とわかりやすいですが、こうした作業も、妻よりも得意だという夫は多いのではないでしょうか。

小さな無駄をきめ細かくチェックしていく「妻の眼」も、大きなところにバッサリと大ナタを振るう「夫の眼」も、家計には両方が必要です。2方向から切り込めば、今まで手をつけられなかった無駄もあぶり出すことができるでしょう。

生命保険の見直しが、老後資金に直結!?

奥さんの日々の節約も、家計にとっては大きな効果がありますが、意外に見落とされているのが、大きな節約。こうしたところは、ご主人にバッサリと切ってもらいたいものです。

例えば、生命保険。

左ページは、30歳で保険に入ったAさんの例。定期付き終身保険というのは、かなりポピュラーな保険で、Aさんも子どもが小さな頃に外務員の方に勧められて加入しました。

500万円の終身保険に3000万円の定期保険が上乗せされているタイプで、60歳ま

50歳で「定期付き終身保険」を「払い済み保険」に変更した場合

定期付き終身保険

◆60歳までの死亡で保険金3500万円
◆30歳で加入、60歳までの30年間支払い

保険金	定期　3000万円			
	終身　500万円			
月々	2万0000円	2万7000円	4万4000円	0円
年齢	30～39歳	40～49歳	50～59歳	60歳～

4万4000円×10年間
＝528万円
老後資金へ

払い済み保険

保険金	定期　3000万円		
	終身　500万円		終身　400万円
月々	2万0000円	2万7000円	0円
年齢	30～39歳	40～49歳	50歳～

では死んだら3500万円の保険金が出て、60歳以降は一生涯、死んだら500万円の保険金が出るというタイプ。保険料は10年ごとの更新で、年齢が上がれば上がるほど、死亡確率も高くなってくるので保険料も上がってきます。

通常なら、そのまま保険料が上がっても「高くなったな」と思いながら入っているケースが多いですが、Aさんはこう考えました。

「子どもも社会人になったし、今オレが死んだらそれなりの死亡退職金が会社から出るし、妻は遺族年金をずっともらえるから、そんなに必要ないんじゃないか」

そこで、入っている「定期付き終身保険」を「払い済み保険」に変えました。**「払い済み保険」とは、保険をやめる時にもらえる解約金を、受け取ってしまうのではなくまとめ払いして入る保険です。**定期付き終身保険の定期部分は掛け捨てですが、終身保険には貯蓄部分があるので、そこを解約して戻ってきたお金で新たに一生涯の保障（終身保険）を買ったのです。これで買えた終身保険が400万円。つまり、これまで60歳までは死亡保障が3500万円、60歳からはずっと500万円の保障がつくはずだったのですが、この保障を50歳からずっと400万円にすることによって、50歳から支払うはずだった保険料の月4万4000円をゼロにしたのです。

これで、50歳からの死亡時保障は400万円に減りますが、そのぶん、支払わなければならなかったはずの月4万4000円を、払ったつもりで貯金に回すことができるので、**60歳までに月4万4000円×12カ月×10年で、528万円の老後資金を貯金する**ことができました。

確かに、50歳から60歳までの死亡保障は400万円に減ってしまいますが、Aさんは、その期間に、自分が死亡する確率はそんなに高くはないのではないかと思ったと言います。そう思えるなら、この選択は、合理的なものなのではないでしょうか。

ネット保険で保険料を節約!

ついでに生命保険の話をすると、**生命保険というのは、同じ保障内容なら、保険料が一番安いものが一番良い保険です。**

生命保険は仕組みが複雑そうに見えるので、自分では見直しが難しいと思っている人も多いようですが、実は、生命保険の保障はたった3つしかないのです。それは、死んだ時に保険金が出る(死亡保障)、病気で入院したら給付金が出る(医療保障)、満期にお金が戻ってくる(貯蓄機能)です。

ですから、シンプルにこの3つのポイントから生命保険を比べてみると、自分に合った適正な保障が見えてくるはずです。

死亡保障と医療保障は掛け捨ての保障で、仕組みはクジに似ています。

どういうことかと言えば、例えば100人が、死亡したら1200万円もらえる死亡保険に入って、月に1万円の保険料を支払ったとします。すると、みんなで支払った保険料は月100万円、年間1200万円になります。そして、もしその支払った人の中で1人が死んだら、みんなで支払った1200万円は、死んだその人に手渡されて終わります。

100人の中で1人が亡くなるというのは統計的な数字で出されているものだと仮定します。ただ、もし誰も死ななかった場合には、集められたお金は配当金（死差配当）としてみんなに戻されて終わります。ここではわかりやすく100人としましたが、実際には死亡確率は、国の死亡統計を元に出されています。

こう書くと、国の死亡統計を元に死亡確率が出されているなら、どこの保険会社の保険料も同じになるはずではないかと思うかもしれませんが、同じ商品でも保険料は違います。なぜ違うかと言えば、死亡確率から算出される死亡保障の代金はみんな同じでも、そこに上乗せする保険会社の経費がみんな違うからです。

保険の外務員が保険の加入を勧める会社だと、人件費がかかるぶん経費も上がりますから、保険料も高くなります。いっぽう、インターネットは手続きを自分でしなくてはいけない手間はありますが、同じ保険でも安くなります。

こう書くと、「でも、小さな会社は、アフターフォローがないから」と言われるケースがままあります。

ただ、**生命保険というのは、はっきり言ってアフターフォローのない商品です。**保険に加入した後は、「死んでますか？」などと会社からお尋ねがあるわけではなく、保険を受け取る人が自分で死亡診断書を取り寄せ、手続きして保険会社に申請しない限り、保険金は出ません。つまり、保険販売の後に、死んだかどうかのフォローをしてくれるものではないということです。

「でも、我が家の保険のおばさんは、3年に1度はやってきて、我が家の保険をライフプランに合わせて見直してくれますよ」という人がいて驚きました。

もちろん、世の中には親切な人はいますし、そのおばさんは親切でしてくれているのかもしれません。しかし、大部分の保険のおばさんは、3年経つと自分が売った保険のマージンが切れるので、新しい保険に入らせて、また2～3年はマージンをもらうということを繰り返しています。**保険のおばさんも、それで食べているセールスマンなのです。**

話は戻りますが、同じ保険で保険料が違うのは、単に保険会社がその保険に上乗せしている経費が違うだけ。

同じ保険でもインターネットで買ったほうが、保険料はぐっと安くなるのだとしたら、節約するためには、ネットで安い保険を買うというのも1つの方法でしょう。

自営業は年金は少ないが、長く動ける

老後の生活を考えた時に、よく言われるのは、「年金だけでは生活できない」ということです。

確かに国民年金しかないという人は、夫婦でも10万円ちょっとしかないので、これで年金生活は難しいかもしれません。ただ、自分で商売をしている自営業者には定年そのものがないケースが多く、自分がシンドイと思うまで、働き続けることができます。そうなれば、たとえ年金が少なくても、食べていくことは難しくないでしょう。さらに自営業者の場合は、店をたたんだ時に店の権利金が戻ってきたり、在庫を売ってお金が入るなど、サラリーマンとは違う収入の道もあるケースが多いので、それほど悩まなくても済むかもし

れません。

これに比べると、サラリーマンは自営業者よりも年金が多いのですが、定年になると会社を辞めなくてはならなくなるということがあります。

そうなると、やはり老後の頼りは公的年金ということになります。

老後資金の不安に付け入る、投資の甘い罠

老後にいくらかかるかという時に、よく出てくるのが家計調査で老人無職世帯の収入と支出をチェックした表です。

総務省が行っている家計調査（２０１６年）を見ると、夫65歳以上、妻60歳以上の平均的な無職夫婦のみ世帯の実収入（年金を含む）は、約21万３０００円。いっぽう、生活費は、消費支出、非消費支出を合わせると27万円なので、その差は約5万５０００円。

銀行の窓口に行って、

「そろそろ定年退職ですが、老後の生活が不安です。どうしましょう」

などというと、窓口のファイナンシャルプランナーという人がこの表を出してきて、

「そうですね。これを見ると、入ってくるお金と出ていくお金の差額は5万５０００円。

高齢夫婦無職世帯の家計収支（2016年）

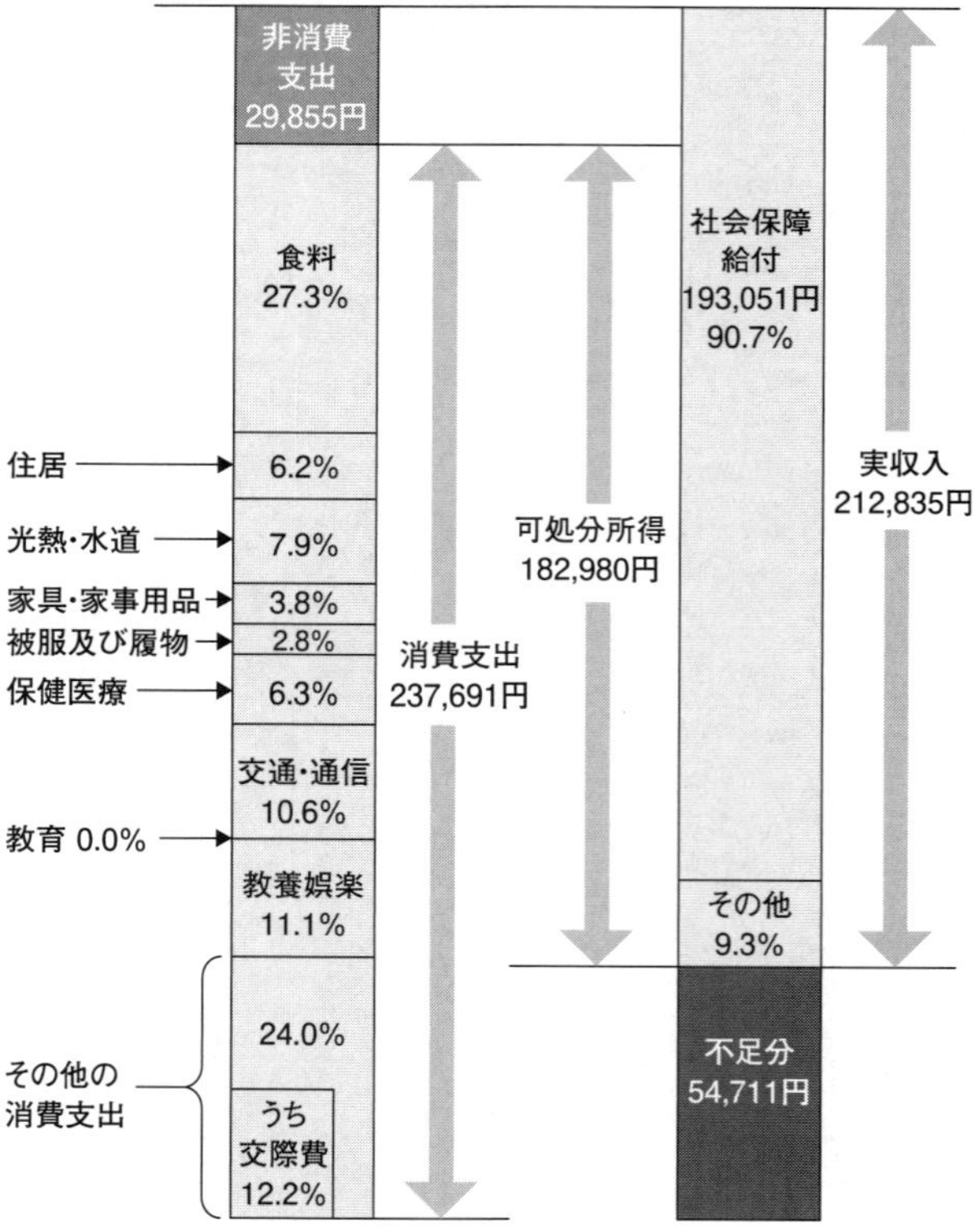

（注）

1．高齢夫婦無職世帯とは、夫65歳以上、妻60歳以上の夫婦のみの無職世帯である
2．図中の「社会保障給付」及び「その他」の割合（%）は、実収入に占める割合である
3．図中の「食料」から「その他の消費支出」までの割合（%）は、消費支出に占める割合である

出典・総務省「家計調査報告（家計収支編）平成28年（2016年）」

2人で定年後に25年間生きるとすると、5万5000円×25年で、1650万円の生活費が足りなくなる計算です。しかも、ここには介護や病気になった時の費用は入っていませんから、それも2人ぶんで考えると、3000万円から5000万円の貯金は必要となってきますよ」

などと、恐ろしいことを言います。

「でも、そんなに貯金がありません」

不安に駆られてそう答えると、待ってましたとばかりに

「だったら、老後に安心して暮らせるように、投資で増やしましょう」

と誘いをかけてきます。

確かに、理屈は通っているように見えますが、注意が必要です。

「投資」は、やる人がリスクを負うばかりで、投資をすすめる銀行は仮に投資が失敗しても損をしません。しかも、手数料だけはしっかり稼いでいます。

いっぽう、「預金」は銀行にとってはリスク商品です。なぜなら、銀行は預かった預金を運用して増やさないと利息が払えませんが、運用する限りは目減りのリスクもあります。けれど、私たちにとっては、預けた預金は目減りするということはないのですから、銀行

預金はノーリスクです。

実は今、リスクである投資商品の売り込みに、銀行がやっきになっています。日銀のマイナス金利で運用が難しくなってきているので、銀行にとってはリスクがなく儲かる投資商品をなるべく多く買わせることで利潤を得ようとしているのです。

そんな人たちを前にして「どうしましょう」などというのは、カモがネギを背負《しょ》って鍋に飛び込むようなもの。相手の思う壺にはまってしまうことになるでしょう。

もし、投資をするなら、そうした人に相談するのではなく、自分でインターネットなどで情報を集めてからにしましょう。**ネットを使えないという人は、そもそも投資には向いていません。なぜなら、みんなネットを使ってリアルタイムで戦っているのですから。**

では、家計調査の表で見る、足りない5万5000円は、どうやって用意すればいいのでしょうか。

食費の見直しだけで2万円カットも

大切なのは、5万5000円をどこかで稼ごうと考えるよりも、限られた家計の範囲で生活していこうと考えること。

老後に「増やそう」と思うと、たまたま「増える」ということはあるかもしれませんが、変な投資に引っかかって目減りさせてしまうことのほうが大きいのではないかと思います。

根本的なことですが、家計調査のデータは、あくまで家計調査に協力してくれた人の平均値であり、目安です。皆さんの家計が、みんな老後にこれだけかかるというわけではないのです。

このデータでは、食費が月平均約6万5000円ですが、現役世代の4人家族で食費は月4万円でやっているというご家庭は少なくありません。中には、3万円でやりくりしているご家庭や、農家で食費が安くなるので3万円以下でも大丈夫といったご家庭もあります。ですから、老人2人だけなら、それほど贅沢をしなければ月4万円でも充分にやっていけるのではないでしょうか。さらに、家庭菜園などで自分たちが食べる野菜などを栽培するという手もあります。

都心なら車が必要ないので必要な時にはシェアカーを使う。田舎なら車は必要でしょうが、軽自動車にする。ガソリンも、ネットで近くの格安スタンドを探すなど、工夫次第で、交通費を節約できます。

他に、携帯電話の割安プランを使ったり、スマホを格安のものに換えるだけで、2人で月に5000円くらいの節約になります。

足りないぶんをなんとかするというのではなく、こうして、収入の範囲に家計をおさめる工夫をしましょう。生活を縮めておけば、足りないぶんがなんとかならなくても、生活していけないことはなくなるでしょう。

こうしたことも、夫婦で一緒に考えていきましょう。最近、**夫が独断で退職金を使って投資をし、それが目減りして離婚にまで至ってしまったという夫婦**を取材しました。

離婚になると、それまで仲の良かった夫婦も血みどろのバトルになりますから、2人で過ごす楽しい老後などは期待できなくなります。そんなことにならないように、お金のことは常に夫婦で話し合って進めましょう。

投資がしたければ、自分に投資する

老後資金をなんとかしようと思った時、投資で儲けようというのは、なかなか難しいと思います。

もちろん、投資が大好きで、得意で、その類の仕事もしていたのでその分野に明るいという方ならいいかもしれません。

けれど、前述したように、少なくとも銀行の窓口で「どうしましょう」と尋ねるような人はやめたほうがいいでしょう。何度も言いますが、カモがネギ背負《しょ》って鍋に飛び込むということになりかねません。

そういう人が投資を考えるなら、他人にお金を預けて投資してもらうよりも、自分自身に投資することを考えてみてはいかがでしょうか。それも、会社に在籍しているうちに。

ただ、問題は、資格を取るにもお金がかかるということ。

そこで活用したいのが、**雇用保険に加入している人なら資格取得の際に補助金がもらえる「教育訓練給付金制度」**です。

この制度には、「一般教育訓練給付制度」と「専門実践教育訓練給付制度」があります。

●「一般教育訓練給付制度」

雇用保険に3年以上（初回に限っては1年以上）加入している人を対象に、受講対象の教育施設で資格を取った場合、10万円を上限として、取得した資格費用の20％を戻してもらえます。ただし、給付金が4000円以上になる場合のみ。2回目以降は3年以上、期間を空けなくてはいけないことになっています。教養的な講座も含めた幅広い分野が対象となっているのが特徴です。

●「専門実践教育訓練給付制度」

専門実践教育訓練給付制度の講座は、一般教育訓練給付制度の講座よりも、専門的な内容に絞られています。難関資格を目指すと、資格の学校や専門学校の入学金や受講料が高額になるので、そうした場合に利用すると有利な制度です。

また、一般教育訓練給付制度では1年の間に資格を取らなくてはなりませんが、「専門実践教育訓練給付制度」では、給付期間も最大3年間あります。ですから、時間をかけて取らなくてはならない専門性の高い資格を取得するのに向いています。

これまでは、厚生労働大臣指定の教育訓練講座を受講して、これを修了したら、受講にかかった費用の40％、上限32万円をもらえました。

この制度が、2018年1月から拡充され、これまでの40％の支給額が50％に上がり、上限32万円が40万円にアップしています。さらに、今までは雇用保険に10年以上加入していることが条件でしたが、この支給要件が3年に短縮されています、

在職しながら通信教育を受けたり、会社を辞めて本格的に勉強する人には有利な制度な

ので、こうした制度を利用して、自分により専門的な知識を身に付けておけば、仕事のスキルアップになります。

こうした制度の活用を念頭において、あらかじめ、「自分への投資」のための予算を組んでおくことも、安心な将来を考えた時には大切なことになってくるかもしれません。

定年後の仕事に縛られない

定年後は、会社という組織に縛られず、自分の好きな時に自分のペースで気ままに働きたいという人は、インターネットのマッチングサイトを利用するといいでしょう。

これから20年の間に、仕事の仕方はかなり変わってきます。重要になってくるのはインターネットの存在です。インターネットの普及で、多様な働き方が可能となり、フルタイムで働く正規社員でなくても、活躍の場は広がっています。

インターネットを通じて、１０００万人が登録し、３００万人が働き、10億ドル以上（日本円で約１０００億円以上）を稼ぎ出しているクラウドソーシング（仕事のマッチングサイト）があります。

この、３００万人が働く世界最大のクラウドソーシングは「Upwork」。ネットで仕事を発注する企業と、その仕事を受ける人を結び付けるマッチングサイトで、世界で400万件以上の企業がクライアントとして登録しています。

今、**アメリカでは正社員でもすぐにクビになり、そのぶん、独自の技術を持ったフリーランスの活躍が増えています。**現時点での推計では、5300万人。全労働人口の34％がフリーランスということになります。しかも、20年後にはこうしたフリーランスが労働人口の半分を占めると言われています。こうした人たちの多くは、ネットで仕事を受注しています。

すでに日本でも、「ランサーズ」や「クラウドワークス」などの大手クラウドソーシングが存在しています。

こうした傾向は、若者だけでなく、**20年後にリタイアを迎える、今の40代、50代にとっても有利**となります。

リクルートワークス研究所（2015年）によれば、日本のフリーランサーの35％は副業として働いている人で、この中にはリタイア後の人もかなり含まれているようなのです。つまり、リタイア後に自分の特技を生かし、クラウドソーシングで稼ぐということも可能なのです。もちろん稼ぎ方はピンキリですが、働いている人の平均年収は約330万円と、低くありません。

時間があったらこうしたサイトをのぞいてみるのもいいでしょう。

第4章　気が付けば借金まみれ
——カードローンで「老前破産」

母の失踪

木村豊子さん（仮名・52歳）が、家事の途中に失踪したのは、2015年の冬。市役所に勤める息子の忠さん（仮名・当時22歳）が仕事を終えて家に帰ると、台所には、揚げるばかりになっている天ぷらの材料と天ぷら鍋があった。しかし、母の姿はどこにも見当たらなかった。

ちょっと近所に、足りない食材でも買いにいっているのだろうと思い、テレビをつけてビールを飲みながら母を待ったが、夜9時をまわっても帰ってこない。夜の10時過ぎに、教師をしている2つ年上の兄の芳樹さん（仮名・当時24歳）と父親の義隆さん（仮名・当時56歳）が帰ってきた。母が夕食の用意をしたまま出かけて帰ってこないというと、「もしかしたら、買い物の途中で事故にでも遭ったんじゃないか」と父の義隆さんが心配そうに言った。そこで電話で警察に問い合わせたが、その日は事故の報告はないとのことだった。

心配しながらも、事故にさえ遭っていなければ、そのうちに帰ってくるのではないかと話していたのだが、翌日になっても戻らない。

豊子さんの親戚や交友関係にも連絡を入れたが、誰も知らないと言うばかり。そこで失踪して4日目に、警察に行方不明者届を出した。

失踪した豊子さんから、長男の芳樹さんあてに電話が来たのは、ちょうど行方不明者届を警察に出して家族が家に帰ってきた時のことだった。

電話口で豊子さんに、芳樹さんが「母さん、どこにいるの」と聞くと、名古屋にある両親の墓の前にいるとのこと。父と母が眠る墓の前で、豊子さんは自ら命を絶とうとしていたのだ。せめて自分が逝く前に子どもの声を聞いておきたい。それで電話をしたのだという。

急いで名古屋に住む親戚に連絡を取り、豊子さんの身柄を確保してくれるように頼んだ。家を出てから4日間、ほとんど何も食べずにホテルを転々としていたらしい。親戚に保護されていた豊子さんは、痩せて足元もおぼつかず、迎えにきた忠さんの顔を見ると、体を投げ出すようにしてただただ泣くばかりだった。

母を家に連れ帰り、なんとか気持ちを落ち着かせて事情を聞くと、借金苦で追い詰められた末に死のうとしたとのことだった。

家族の誰ひとり、豊子さんがそんな状況にあると知らなかった。

「お金だけは借りない」と決めていたのに

今まで借金などしたことがなかった豊子さんが、最初に銀行ローンのカードを持ったのは20年前。

子どもが2人生まれ、それまで住んでいた借家が手狭になった木村家は、3LDKのマンションを購入した。住宅ローンは、会社員の夫の義隆さん名義。ただ、住宅ローンを組む時に、銀行のローン担当者からこう言われた。

「ちょっとお願いがあるのです。実は、カードローンのノルマがあるんです。申し訳ないのですが、お2人のキャッシュカードに、カードローン機能を付けてくれませんか。もちろん、使わなくて結構ですから」

そう頼まれると、住宅ローンで世話になっているだけに、必要ないというわけにもいかない。また、必要なかったら使わなくてもいいと言うのだから、断る理由もなかった。お世話になっている担当者でもあったので、気楽な気持ちで、それまで使っていたキャッシュカードを渡してカードローンが付いたものに換えてもらった。

そのあとは、キャッシュカードにローンが付いていることさえ忘れていた。

ところがある日、生活費を引き出そうと銀行に行ってＡＴＭにカードを差し込んで３万円を引き出したところ、現金と一緒に貸し付け明細書が出てきた。

お金を借りた覚えがなかったので不審に思って銀行員に聞くと、「お客様、キャッシュカードではなく、カードローンのほうでお金を引き出しされているようですよ」と言われた。１枚のカードで、右がキャッシュ機能、左がローン機能になっていたので、間違えて左側をＡＴＭに差し込んでお金を引き出してしまったのだ。

それを行員に言うと、「３万円なら月１万円ずつ３カ月で返済できるので、そのままにしておいていただいても３カ月後にはすべて払われますが」とのこと。

しかし、それでは納得できなかった。豊子さんは、「借金をしない」ということに、強い思い入れがあったのだ。

名古屋生まれの名古屋育ち。夫と結婚して東京に住むようにはなったが、小さな時から両親に、「絶対に、他人にお金だけは借りてはいけないよ。欲しいものがあったら、お金を貯めてから買いなさい」と教えられてきた。欲しいものがあったらコツコツと貯金して買う習慣がついていて、一度もお金を借りるということをしたことがないので、夫にも、そのことは褒められた。それが、密かな誇りでもあった。

それだけに、自分がカードを入れる向きを間違えたとはいえ、お金を借りたことにされてしまうというのはなんだか理不尽な気がした。こんなことで1円でも利息を払わなくてはならないのは不本意だとも思った。

そこで豊子さんは、銀行の窓口で、なんとかしてくれないかと言った。豊子さんの強い口調に行員もまずいと思ったのか、支店長代理が出てきて、カードローンで借りたぶんについては取り消しということになった。

借金に対して潔癖だったそんな豊子さんが、なぜ借金に追い詰められて、死まで考えるような地獄に落ちていくことになってしまったのだろうか。

薄れていくカードローンへの抵抗感

借金を始めたきっかけは、些細なことだった。

豊子さんは専業主婦で、夫から月々25万円（住宅ローンを除く）の生活費を渡されていた。渡された生活費の範囲内で家計のやりくりをするというのが、結婚以来、豊子さんが守ってきたルールだった。

夫の義隆さんは、小さな会社に勤めていたが、会社でもその働きを高く評価されていて、給料もそれなりにもらっていた。豊子さんは厳格な両親に育てられたので、ご主人から渡される生活費で充分に家計費をまかなっていただけでなく、その中から少しずつ倹約して、ヘソクリもしていた。それをまとめて50万円の自分名義の定期預金もつくっていた。

その預金通帳に記載された、自分だけの内緒のお金を見るのが、豊子さんのちょっとした楽しみでもあった。毎月少しずつ増えていく金額を見ると、自分自身に「よくやった」と褒めてあげたい気持ちになったという。

お金が必要になったのは、上の子どもの芳樹さんが中学校に上がったとき。友達がみんな携帯電話を持っているので、自分も欲しいと言い出したのだ。夫に相談すると、「家計費から出せるならいいよ」と言われた。

「お父さんが、いいってよ」と言うと、芳樹さんは部屋を駆け回って喜んだ。

そのくらいの金額は普段の家計なら、右から左に出せるお金だったのだが、たまたまその月は、息子の進学で何かと物入りになり生活費が足りなくなってしまった。

豊子さんは、ヘソクリの定期預金を解約して工面すればいいと思い、銀行に行った。ところが、銀行員に止められた。「あと2カ月で満期なので、ここで解約してはもったいないですよ。せっかく良い金利がついているのに、下がってしまいます。2カ月だけ、我慢なさったほうがいいのではないでしょうか」。

そう言われると、解約するのがもったいない気もする。その時に思い出したのが、以前誤って使ったことがあったカードローンのこと。2カ月だけだったらカードローンでお金を借り、定期が満期になったら返せばいいと思い、銀行のATMからカードローンで3万円を引き出した。そして、定期が満期を迎えた日、その3万円は現金で返した。

それだけで済めばよかったのだが、使ってみると、ちょっとお金が必要な時にカードローンは便利だった。

「後で返しておけばいいから。これも〝やりくり〟のうち」と自分に言い聞かせて何度かカードローンでお金を引き出すうちに、豊子さんは、カードローンへの抵抗感が徐々に薄れ、借金をしているという感覚がなくなってきたという。

上手にやりくりできていたはず……

いつの間にか、豊子さんにとってカードローンは、生活費が足りなくなった時の第二の財布になっていた。

以前は、生活費を切り詰めてヘソクリを残し、それを定期預金にすることで、自分はやりくり上手だと思っていた豊子さんだが、子どもが成長するうちにお金がかかるようになり、生活費のやりくりの中にカードローンが加わって、足りない時にはカードローンを使ってやりくりしていくようになっていた。

しかも、カードローンを使い慣れてくると、なんとなく自分が上手にお金を回しているという感じがしてくる。実際、子どもが私立の高校に入ってからは、夫からもらう生活費だけではやっていけない状況がいろいろと出てきていた。

私立高校の母親たちは、多くが豊子さんと同じ専業主婦。子どもを私立高校に通わせている家庭の多くは裕福だったので、クラス会があるといえば、その前にお茶を飲んだり食事をしたりして、時にはクラス会が終わってもお茶に誘われることもあった。

最初は、そんなことにお金を使うのは無駄だと思っていたのだが、そうした場に出ないことで、学校での情報が入りにくくなるのは損だと感じはじめた。

母親同士のお茶会やランチの話題は、大半はたわいもないことだが、時々、子どもの進路のことや学校での子どもの交友関係、教師のことなど、母親として知っておいたほうがいい話も出る。「クラブ活動は○○をしておいたほうが、進学には有利」とか「××大学に入るには、ボランティアをしていたほうが内申書の評価が上がる」などという話は、誰も教えてくれない。母親同士の会話以外では知り得ない情報なので、豊子さんは、母親同士のお茶代やランチ代は、無駄ではなく、子どもの情報集めのための必要経費だと考えるようになった。

ただ、夫には、そのためのお金を生活費に上乗せしてくれとは言えない。そこでカードローンの重要性がますます高まってきたのだ。

そこまでなら、カードを上手に使いこなすやりくり上手の妻ということでよかった。けれどその後、自分自身に、思いもかけないことが起きたのだ。

突然訪れた病

次男の忠さんが高校に入った年、豊子さんは子宮がんを患った。

45歳の時、生理不順で不正出血が多くなった。更年期で生理が止まる前にはそうしたことがあると聞いていたので、ちょっと早い気もしたが、たぶん、そうした時期になったのだろうと、最初は軽く考えていた。

ところがその後の定期検診で、子宮がんの恐れがあると診断されたのだ。驚いて詳しく検査してもらうと、子宮体がんの初期とのことで、医師からはすぐに手術したほうがいいと言われた。

手術自体は、思ったよりも短時間で終わり、入院も1週間ほどで済んだ。ただ、子宮を摘出したことは、女性としては大きなショックだった。すでに大きな子どもが2人もいるし、年齢的にも出産は難しい歳になっていた。だから、そう思えばそれほど落ち込むことはないのだが、ただ、そうはわかっていても、なかなか気持ちの整理がつかない。

他の人や夫からも、もう女として見られないのではないかと思うと、退院後、夫を前に動揺して泣いた。その時には、夫がやさしく励ましてくれたので心が落ち着いたが、昼間、夫が会社に行き、子どもたちが学校に行ってしまってリビングに1人で座っていると、言い知れぬ不安が押し寄せてくる。

医者には「初期なので、5年生存率は90％です」と言われていて、周囲も初期だから大丈夫というのだが、90％ということは、残りの10％は死ぬ可能性があるということではないか。そんなことを考え始めると、気持ちはふさぐばかり。もしかしたら、5年の間にがんが再発して死ぬのではないかという思いに取り憑かれ、1人でいることが日に日に怖くなっていった。

そんな陰鬱とした気分を払拭するために、豊子さんは意識してさまざまなところに出かけるようになった。

出かけるといっても、そう用事があるわけでもない。主にデパートをブラブラした。デパートに行くと、化粧品売り場で店員に声をかけられる。それまで豊子さんは、デパートで化粧品など買ったことがなかった。コンビニにも100円ショップにも、低価格でそれなりの化粧品があり、自分には、それで充分だと思っていた。しかも、子育て中は男の子が2人なのであまりに忙しく、自分の身の回り品などに関心を寄せる時間もなかった。

けれど、デパートの化粧品売り場で声をかけられ、1本4000円もするような海外ブランドの香りの良い口紅をつけてもらい、「とってもお似合いですね」と褒められると、心が浮き立った。鏡の中には、笑顔の可愛らしい自分がいた。

ほんのちょっとした贅沢が、不安でイライラしている自分を救い出してくれる気がした。それは、夫にも子どもにも言えない、秘密の贅沢だった。

買い物だけが癒しだった

最初は口紅1本だった贅沢品が、バッグになり、靴になり、洋服になっていった。しかし、夫も2人の子どもたちも、豊子さんの身の回りのものが徐々に贅沢なものに置き換わっていることに気づく様子はなかった。

そんな無関心な家族と比べて、学校の同級生の母親たちは、新しいバッグや靴を目ざとく見つけ、うらやましげに「素敵ですね」と言ってくれる。

豊子さんは、子宮がんの手術をしたということは誰にも話していなかった。そんなことを話せるほど親しい間柄の母親もいなかったし、何よりも、みんなと同じように「お金と時間のある優雅な奥様」を演じていたかったからだ。

もともと豊子さんは、自己主張が強くはなく、地味で真面目な努力家。結婚してから、夫や子どもの面倒を見て、褒められたり感謝されることがほとんどなくても、当たり前だと思ってきた。自分の努力が足りないせいだとさえ思うこともあった。

だから、家族の顔色を見ながら、自分はみんなの役に立っているのかと時々不安になることもあったという。特に病気をしてからは、自分が家族のお荷物になっているのではないかという気がして、心の中に満たされない孤独を抱えるようになっていった。家族にも本心が言えない、取るに足らない存在の自分。けれど、買い物をすれば店員からは感謝されるし、同級生の母親たちから羨ましがられる。

それは、今までにない、とても楽しくて、満たされた時間だった。

後ろめたさはあった。いけないとも思ったし、もうやめようと、何度も思ったけれど、カラカラの砂漠で水が欲しくなるように、豊子さんはそんな時間を求めた。そのため、へソクリの50万円は使い切ってしまった。

それでも足りないので、買い物のためにクレジットカードをつくった。夫には、「学校のお母さんたちと旅行に行くのに、クレジットカードが必要になったから」と説明した。夫が認めてくれなければ、内緒でカードをつくるなどということはできないと思っていたが、驚いたことに、主たる生計者である夫の承諾などなくても、簡単にカードをつくることができた。それで、1枚で足りなくなった時に、内緒で2枚目のカードをつくった。それが、3枚、4枚と増えていく中で、「これではいけない」という思いも強くなった。

頭ではいけないことだとわかっていても、不安になると、ついつい賑やかなデパートに行きたくなってしまう。思いとどまろうとしても、「奥様、いつもありがとうございます」と笑顔で近づいてくる店員を前に、拒否できない自分がいた。

そして、気がつくと、もう引き返せないところにまで来ていた。

頭の中は返済でいっぱい

豊子さんは、5年で500万円の借金をした。

最初は50万円あったへソクリがゼロになり、50万円のローン枠を使い切ると、もう1枚ローンカードをつくり、最終的には銀行や信用金庫など10社で10枚のカードをつくった。借金が200万円を超えた頃からさすがに怖くなって、買い物をすることはやめようと強い決心をし、家を出ないようにした。それ以後、自分の買い物のためにはお金は使っていない。

しかし、買い物をしなくても、すでに借りてしまっているお金は、利息をつけて返さなくてはならない。4枚のカードで月々の返済額がそれぞれ2万円だったとしても、月に8万円の返済をしなくてはならないのだ。専業主婦の豊子さんには、そんなお金はとても用意できない。夫にも、それなりの生活費をもらっているので、それ以上出してくれというわけにはいかない。

なので、5枚目のカードは、借金を返すためだけにつくった。そして、そのカードでも月々の返済が滞りそうになると、6枚目のカードをつくった。

新たにカードをつくってそれまでの借金を返済し、そのカードの枠がいっぱいになったらさらに新たなカードをつくるという繰り返しで、気が付くと、最終的には借金が500

万円に膨れ上がっていたのだ。

買いあさったバッグや靴は、すべて質屋で現金化したが、いくらにもならなかった。すでに甘美な思い出は消え、頭の中は次の返済日にどうするかでいっぱいになっていた。


もう、死ぬしかない……


夜中に、借金が返せなくなった夢を見て、悲鳴をあげて飛び起きた。一緒に寝ていた夫が、驚いて起きた。

「何でもない、ちょっと怖い夢を見たの」

夫に知られまいと、何事もないふうを装ったが、冷や汗でびっしょりだった。心臓はバクバクと打ち、なかなか鎮まらなかった。

来る日も、来る日も、考えるのはどうやって借金を返済しようかということばかり。ノートには、それぞれのカードの返済日がびっちりと書き込まれていて、そのやりくりを考えると、落ち着かず、疲れ果ててしまった。

けれど、どうにもならず、最後にはいよいよカードをつくることのできる金融機関がなくなってしまった。そして、ソフト闇金といわれる業者から、お金を借りた。

ソフト闇金とは、世間一般でいわれるような、脅して金を取り立てる闇金ではなく、言葉づかいも丁寧で厳しい取り立てをしない貸金業者だ。中には返済が遅れても多少の融通はきかせてくれるところもある。ただ、1週間で30％というような法外な金利を取る。1週間で30％は年利で1564％。つまり、10万円を1年間借りて、返せなかったら、金利だけでも156万4000円にふくれあがっているということ。豊子さんは最後にこのソフト闇金に手を出したが、あまりに法外な金利に、返済することができなくなった。

そして言われたのが、「ご主人や息子さんはしっかりした仕事についておられますよね。職場はわかっていますから、そちらで皆さんと、これからどうするのかお話しさせていただきたいと思います」。言葉は丁寧だが、明らかな脅しだった。

夫は定年間近の真面目な会社員、会社では役職についている。息子2人は公務員と教師——ソフト闇金が職場へ行けば、自分の借金が発覚してしまうだけでなく、みんなの人生を自分が破滅させてしまうと思った。そう思ったら、豊子さんは、もう自分が死ぬしかないと覚悟した。

自己破産して〝解放〟された

最終的に、豊子さんは、夫に助けてもらい、弁護士を立てて自己破産の申請をし、自分がつくった借金を清算した。法外な利息を取るソフト闇金も、弁護士が間に立ったことで不当な脅しはかけてこなくなった。

自己破産する場合には、家などがあると売却しなくてはならないが、幸いマイホームは夫の名義だったので売却は免れた。また、自己破産については官報には載るものの、家族とは関係ないので、夫や息子らの職場で誰かに知られる可能性はほとんどない。さらに、本人は新たにカードなどをつくれなくなるが、カードローンで痛い目にあったので二度とカードは持たないと家族にも宣言したので問題なかった。

管轄の裁判所に破産免責の申し立てをして4カ月目、免責決定がおりて、豊子さんの借金は、すべて消えた。

思い返せば、カードローンでの買い物にはまった5年間の中で、楽しかったのは最初の1年だけだったと豊子さんは言う。あとの4年間は、寝ても覚めても返済のことを考え、返済のために生活費を切り詰め、それが家族にバレないかと怯える日々だった。買ったブランド品は、すべて質草に消えてしまい、手元には残っていない。けれど、それでかえってスッキリしたと言う。

家の電話に、怯えることもなくなった。金融機関には自分の携帯電話番号しか伝えていなかったので、家の電話には連絡がこないはずだった。けれど、それでも、家の電話が鳴るたびに督促かと心臓がドキンとした。

借金のことしか考えられずに怯えていた日々から解放されたことで、やっと安心して眠ることができるようになったと言う。

そして、そんな自分を責めもせずに、家族が気遣ってくれることが、本当に嬉しく、申し訳なく、手を合わせたい気持ちだと言う。

裁判所から送られてきた免責許可決定書を見た時には、ボロボロと涙が流れて止まらなかった。最も恐れていた自己破産をしたというのに、どこかでホッとしている自分を、豊子さんは感じた。

国内銀行のカードローン等貸付残高の推移

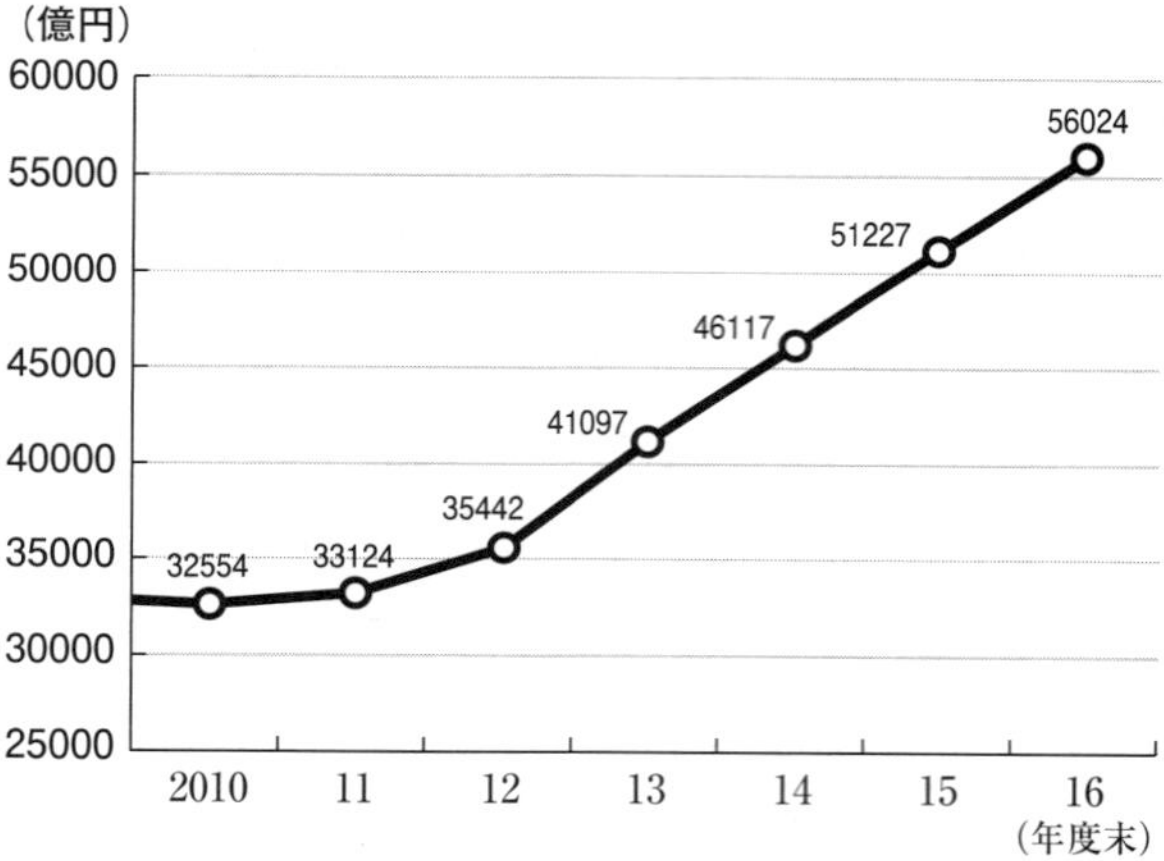

出典・金融庁／消費者庁／厚生労働省（自殺対策推進室）／法務省「多重債務者対策を巡る現状及び施策の動向」
※「カードローン等」はカードローン（当座貸越方式）、応急ローンおよびカードキャッシングの合計。

破産急増。銀行カードローンの落とし穴

最高裁によれば、16年の個人の自己破産件数は6万4637件（速報値）で、前年比で1・2％増えました。これはピークの2003年以来13年ぶりの増加です。

原因は、銀行カードローンの貸し出しが増えたこと。**銀行カードローンの貸付残高は、2012年には3兆5442億円でしたが、2016年には5兆6024億円**（グラフ）と、なん

と4年間で約5割も増えています。

かつては、カード破産といえば「サラ金」と呼ばれる消費者金融からの借り入れという時代がありました。テレビや週刊誌などでも、「サラ金地獄」として、大々的に報じられました。多重債務に陥り、破綻する人が続出して社会的な問題となったために、金融庁は貸金業法を改定して、2006年から2010年にかけて消費者金融業者が貸し出す上限金利を引き下げたり、貸付総額を借りる人の年収の3分の1までに制限する総量規制などを導入しました。

こうした厳しい規制を導入した結果、消費者金融でのカードローンの借り入れは減少しました。その一方で、**同じカードローンでも、銀行や信用金庫、信用組合などには総量規制などがなかったために、貸付残高がうなぎのぼりに増え、今は銀行のカードローンを借りて生活が火の車になってしまう人が増えています。**

多くの方は、銀行と消費者金融を比べたら、同じ貸金業者とはいっても、銀行は紳士的で、消費者金融はなんとなく胡散臭いイメージがあると思っているのではないでしょうか。広告を見ていても、銀行カードローンは阿部寛やイチローなどクリーンで知的なイメージの人物が宣伝しています。

けれど、それは単なるイメージであって、ことカードローンに限っては、銀行も消費者金融も、常に表裏一体だと言っても過言ではありません。

そこで、ちょっとその実態を見てみましょう。

高金利はどうしてなくならないのか

そもそも2000年以前の貸金業では、「出資法」という法律で定められた金利の上限が異常に高く、上限金利が40%にもなっていました。

40%といえば、10万円を1年間借り続けると利息は4万円。100万円借りたら利息が40万円。多くの人は、お金がないから借りに行くわけですから、100万円借りて40万円もの金利を払えるわけはないのです。ですから、**当時からすれば「合法」といっても、今から見るとまさに法外と言わざるをえません。**

テレビのワイドショーでは「金を返せないなら、目ん玉一個売れ！」「腎臓売れ！」と恐喝して摘発された「日栄」をはじめとする悪質な貸金業者（ノンバンク）の取り立ての模様が、連日のように紹介されていました。こうしたところからお金を借りた人が自殺に追い込まれるという事件が、しばしば起き、業者が借りた人の自宅に脅しをかけるだけでなく、会社にも押しかけてヤクザまがいの脅迫をしたために、「サラ金地獄」という言葉が一気に広まりました。

これが、あまりにひどいと国会で問題視され、2000年には出資法の上限金利が40％から29・2％にまで引き下げられることになりました。それでも、100万円借りて年間29万円もの利息を支払うのですから、借りる側にとっては楽に返済できる金利とは言い難いでしょう。余談ですが、この出資法の金利は、1983年以前は109・5％でした。この時代の人は、どんなお金の借り方をしていたのだろうと思います。

実は、お金を貸し出す時の金利をさだめた法律としては、出資法のほかに「利息制限法」もあります。**業者が小口でお金を貸し出す際の金利に使う利息制限法の上限は、10万円未満なら20％、100万円未満なら18％、それ以上は15％となっています。**

ところが貸金業者のほとんどは、利息制限法で定められた金利の上限ではなく、出資法の金利の上限を超えないような貸付をしていました。出資法の金利と利息制限法の金利の間はグレーゾーンと言われ、グレーゾーンなので黒ではない、つまりアウトではないという理屈で、高いほうの金利での貸付を行っていたのです。

けれど、こんな高い金利でも、借りる人は減りませんでした。

お金を借りるというのは、うしろめたいことです。ですから、貸金業者の店に入るのにもためらうし、「人目を忍んで借りにいく」というケースがほとんどでした。

そんな中、消費者金融のアコムが無人契約機「むじんくん」を導入したことで、状況は一変しました。誰も見ていないところで（実際には、カメラの向こうに審査する人がいました）借り入れができるのですから、消費者金融各社がこれに追随し、人目をはばからずに借り入れ契約ができ、お金が足りない時にはカードでお金が簡単に引き出せるようになりました。これも、当時、自己破産が急増した一因となったと考えられます。

過払い金の時効と手数料

小口の貸金業で出資法の金利の上限の29・2％が使えなくなったのは、２００６年から。**「貸金業の規制等に関する法律等の一部を改正する法律」が公布され、このグレーゾーンが段階的になくされ、２０１０年の完全施行から、前述の利息制限法で定められた以上の金利を取ると、行政処分の対象となりました。**

しかも、それまでグレーゾーンの高い金利を取っていた業者は、法外に金利を取りすぎていたとみなされ、利息制限法に照らし合わせて取りすぎていた利息を、借り手が請求す

利息返還請求（過払い金請求）件数の推移〈アコム〉

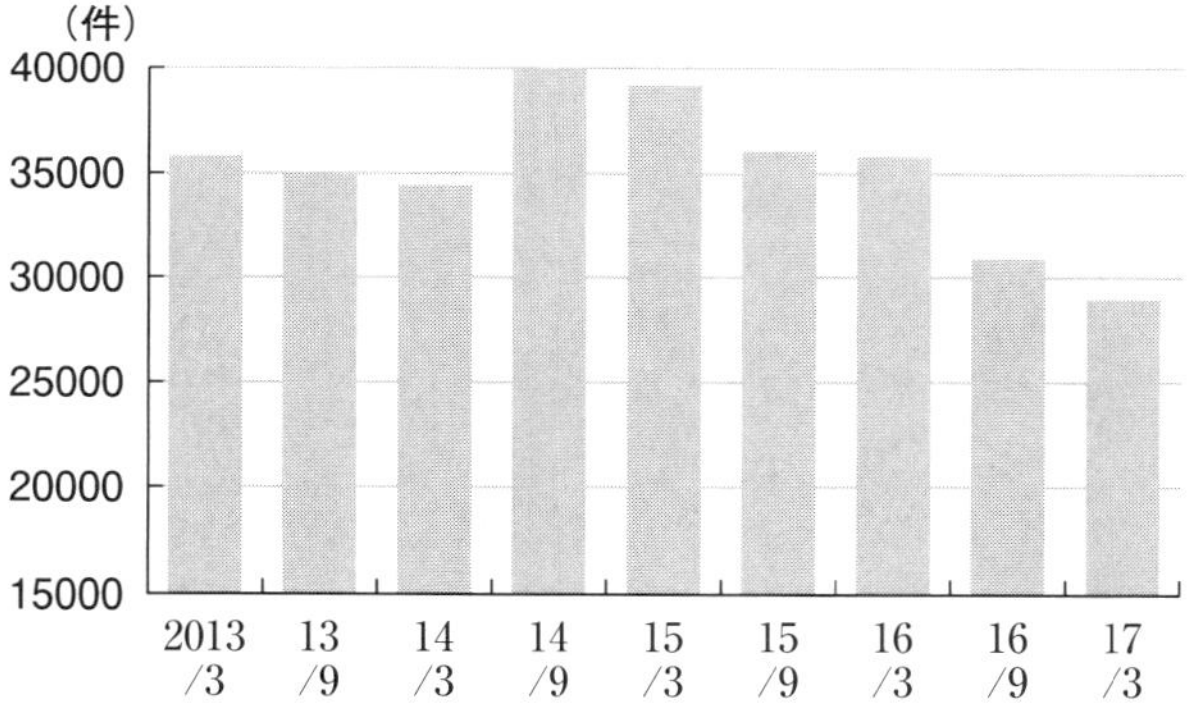

出典・アコム「企業情報サイト　ローン・クレジットカード事業」

れば返さなくてはいけないことになりました。

これが、最近よく聞く「過払い金請求」です。

ちなみに、過払い金の時効は、完済してから10年です。つまり、最後に返済した日から10年以内なら、過払い請求はできます。お金を借りてから10年で時効になるということではありません。最後の取り引きをしてから10年という最高裁の判断が出ていて、例えば借金を完済したのが2010年だったら、利息を払いすぎた人は2020年までは過払い請求ができるということです。

過払い金の返金対象者は実に1200万人もいるといわれます。しかし、なかには借金の過去など振り返りたくもないという人や、現在も継続して借りている人がかなりいて、多くの人

がまだ手続きをしていないと言われています。

もし、以前からお金を借りているなら、一度、弁護士などに相談してみるといいでしょう。ただし、弁護士といっても、手数料をかなり高く取るところもあります。いくつかの弁護士事務所でチェックしてから、お願いするほうが危険はありません。

貸金業者の受難

過払い金を請求できる制度は多くの人を救いましたが、多額の過払い金が負債となって貸金業者の多くが経営難に陥り、破綻しました。

貸金業者のナンバーワンだった「武富士」が２０１０年に東京地方裁判所に会社更生法の適用を申請したのを皮切りに、消費者金融は今までのような経営が続けられなくなり、アコム、プロミスなどの消費者金融大手は次々と大手銀行などの傘下に入っていきました。中小業者の多くはルールを守ったおとなしい貸金業者になりましたが、中には厳しいルールを守ることができずに、法外な金利を取る闇金へと転落する業者も出てきました。こうして、**２０００年には約3万あったといわれた貸金業者は、現在では２０００を切るほどに激減しています。**

貸金業者数の推移

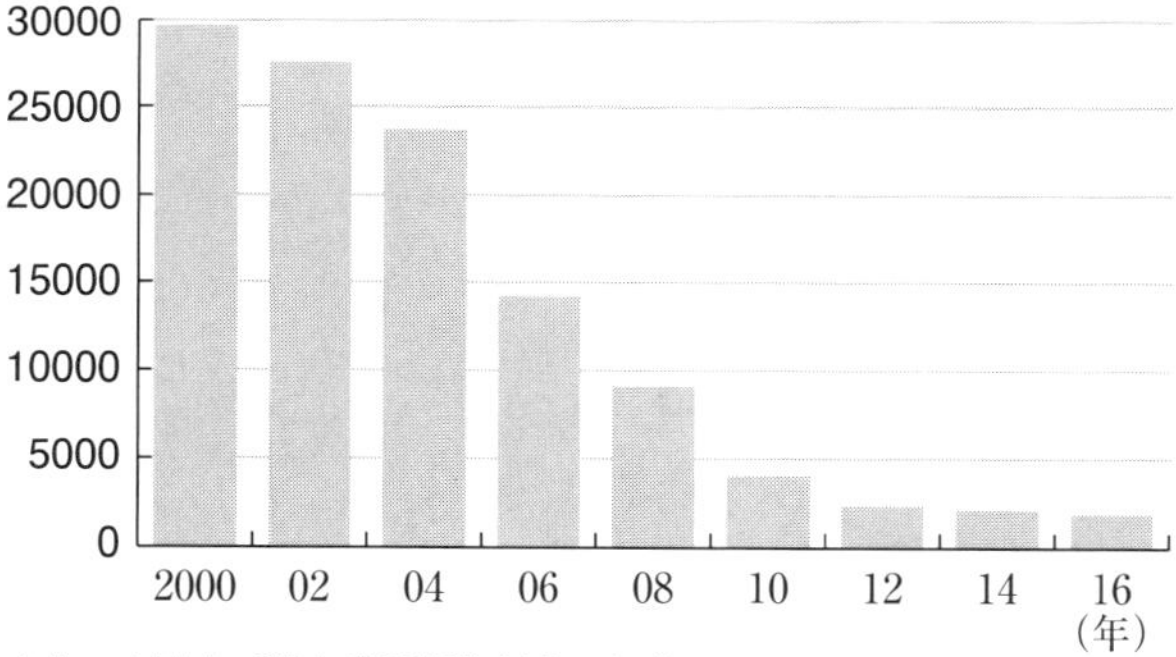

出典・金融庁「貸金業関係資料集の掲載について」

では、なぜこれだけ貸金業者の数が激減しているにもかかわらず、銀行のカードローンの貸出残高がぐんぐん伸び、自己破産する人の数が再び増えてきたのでしょうか。背景には、脈々と続いてきた、銀行と貸金業者との深い関係があります。

「銀行」というと、エリートの勤め先としてクリーンなイメージを持つ方も多いと思います。いっぽう、消費者金融といえば、まだ「サラ金地獄」のイメージを引きずっていて、強引で無慈悲な取り立てをするといったイメージがあるかもしれません。

けれど、実はカードローンの世界では、ずっと以前から、銀行と消費者金融は表裏一体でそれぞれが利用し合う関係にありました。「サラ金地獄」で世間が騒いでいた頃は、矢面に立って世間の非難を一身に浴びたのは消費者金融でしたが、資金調達などで消費者金融を裏でフォローしていたのは銀行でした。銀行が大量の資金を流したからこそ、消費者金融は多額の貸付ができたのです。しかも、消費者金融業界が力を失った2010年以降は、銀行が消費者金融を取り込んで、積極的にカードローン業務に乗り出してきています。

なぜ、銀行が裏で消費者金融に貸付のための金を流していたかといえば、当時、消費者金融などの貸金業者は、一般の人に貸すためのお金を自力で調達できなかったからです。「武富士」など大手の消費者金融は、1999年からCP（commercial paper・コマーシャルペーパー）などを発行してお金を調達することが可能になりましたが、その力があるのは、業者の中でも限られていて、大部分の業者は銀行のバックアップによって急成長してきたのです。

当時は、銀行にも、消費者金融に多額のお金を流さなくてはならない事情がありました。バブルが崩壊し、値下がりした不動産を山のように不良債権として抱えた銀行は、金融庁の厳しい検査もあって貸し渋り、貸しはがし（金融機関がすでに貸し付けている資金を積極的に回収すること）に走らざるをえない状況でした。けれど、貸しはがしたお金は、金庫の中にしまっておくわけにはいきません。お金を運用するためにはリスクの少ない優良企業に貸し出さないといけないのですが、その優良企業こそが、消費者金融でした。

高い金利で大量のお金を貸し出し、急成長していたのですから、これは銀行にとっては優良企業であり、良い客でした。

銀行が貸しはがししたお金を消費者金融に流し、銀行から貸しはがしをされた人たちが、資金繰りに困って消費者金融にお金を借りに行くという、なんとも理不尽な状況になっていたのです。そのため、消費者金融には、銀行から拒否された人たちが殺到し、笑いが止まらないほど儲かっていたのですから、腹の立つ話です。

もちろん本音を言えば、銀行も消費者金融に融資するのではなく、自分で儲かる消費者金融業をやりたかった。けれど、そのノウハウがないために、当時はそれができませんでした。

そのため、金融庁の規制が強まって消費者金融の淘汰が始まると、大手銀行はこぞって有力消費者金融を傘下に入れました。

消費者金融の知られざるノウハウ

銀行になくて、消費者金融にある貸付のノウハウとは何か？

それは、無担保、無保証人でもお金が貸し出せるノウハウです。

銀行でお金を借りようと思ったら、必ず不動産などの担保を差し出したり保証人を付けなくてはなりません。それは、返せなくなった時に担保を売って弁済させたり、保証人に借金の肩代わりをさせて、融資した資金を必ず回収するためです。

ところが消費者金融は、無担保、無保証でお金を貸します。そこには、銀行が思いも及ばないようなノウハウがありました。

例えば、大手企業の部長が店にお金を借りにきたとします。銀行は、その肩書きを見て、この人なら大丈夫だろうとお金を貸します。けれど、**消費者金融は、その肩書きを見てもお金を貸さない。なぜなら、大手企業の部長などという立派な肩書きのある人が、わざわざ消費者金融にお金を借りにくるのには、何かよほどのワケがあるに違いないと思うからです。**

また、お金を借りる時に書く書面の字が汚なかったり、記述に訂正が多いと、銀行ではそれを見て、「この人は、大丈夫かな」と警戒します。しかし、消費者金融では、書面の字がきれいでスラスラと申し込み用紙を書く人のほうを疑います。なぜなら、「書き慣れているな、もしかしたら借金を繰り返している人かもしれない」と思うからです。

さらに、銀行はどれくらいの規模の会社に勤めているのかを見ますが、消費者金融は会社の規模よりも、その会社がどこにあるのかを見ます。例えば、東京の立川に住んでいて大手町の会社に通っている人が、錦糸町の消費者金融にお金を借りにきたとします。銀行は「大手町の○○会社なら一流だ」と融資に乗り気になりますが、消費者金融は、「明らかに通勤路線ではないところにお金を借りにきている。わざわざ、通勤路線を離れて借りにくるのには、何か事情があるのではないか」と疑います。

これは、銀行と消費者金融のものの見方の違いのほんの一例ですが、**消費者金融はこうしたノウハウの積み重ねで、無担保、無保証人でも、本人や状況を併せ見てお金を貸してきました。**

さらに、当時、消費者金融にあって、銀行にはなかったのが、融資の強力な武器となる信用情報機関でした。

銀行が喉から手が出るほど欲しかった「信用情報」

日本には、現在3つの信用情報機関があります。

銀行と銀行系カード会社などが加盟している全国銀行個人信用情報センター（JBA）、

クレジットカード会社と信販会社が加盟しているシー・アイ・シー（CIC）、そして消費者金融と信販会社が加盟している日本信用情報機構（JICC）です。

中でもJICCは、日本で最も早くできた信用情報機関で、無担保、無保証人の融資に抜群の威力を発揮しました。

バブル崩壊以前の日本の金融機関は、大蔵省（現・財務省、金融庁）を中心とする護送船団方式でした。大きな銀行が小さな銀行を守り、そこに信用金庫、信用組合などが従っていました。護送船団を率いていくのは大きな金融機関ですから大きな金融機関の発言権が強く、小さな金融機関は大手に従うということで、金融秩序が成り立っていました。

ところが、この護送船団方式に組み入れられず、アウトロー的な存在だったのが、消費者金融でした。強い風当たりを避けるには、みんなで団結せざるを得ない。ということで、消費者金融業界は団結力が強く、しかも、大手であろうが中小であろうが発言権は同じ。何かを決める時には、大手でも中小でも、1社1票ということになっていました。

みんなで肩を寄せ合っていかないと生きていけないアウトローですから、すべての会社が自分の持っている個人情報を出し合って、共同で利用できる信用情報機関をつくることもできたのです。

この情報機関のすごいところは、個人情報がリアルタイムで出てくること。例えば、あなたが朝、消費者金融のA社で30万円借り、昼にB社で20万円借りたとしましょう。そして夕方、C社に行って「20万円貸してくれ」と言うと、「あなたは朝、A社から30万円、昼にB社から20万円借りていますね。さらに20万円とは、なぜそんなにお金が必要なんですか」と尋ねられるはずです。

銀行や銀行系カード会社などが加盟しているJBAでは、こんなリアルタイムな情報は出てきません。なぜなら、JBAの場合、基本的には月1回の登録更新だからです。

この消費者金融の融資ノウハウと情報網は、銀行が喉から手が出るほど欲しいものでした。けれど、当時の銀行は、消費者金融が持っているJICCに加盟することはできません。ですから、この個人融資の強力な武器を手に入れるために、消費者金融の業界を再編し、それまで蔑視していた消費者金融を傘下に抱き込むという方法をとりました。

銀行カードローン貸し出しが、伸び続けるわけ

「武富士」は経営破綻しましたが、そのほかの有力な消費者金融は、今、銀行の傘下に入っています。アコムは三菱UFJフィナンシャル・グループの傘下に入って連結子会社と

国内銀行カードローンと消費者金融の貸出残高の推移

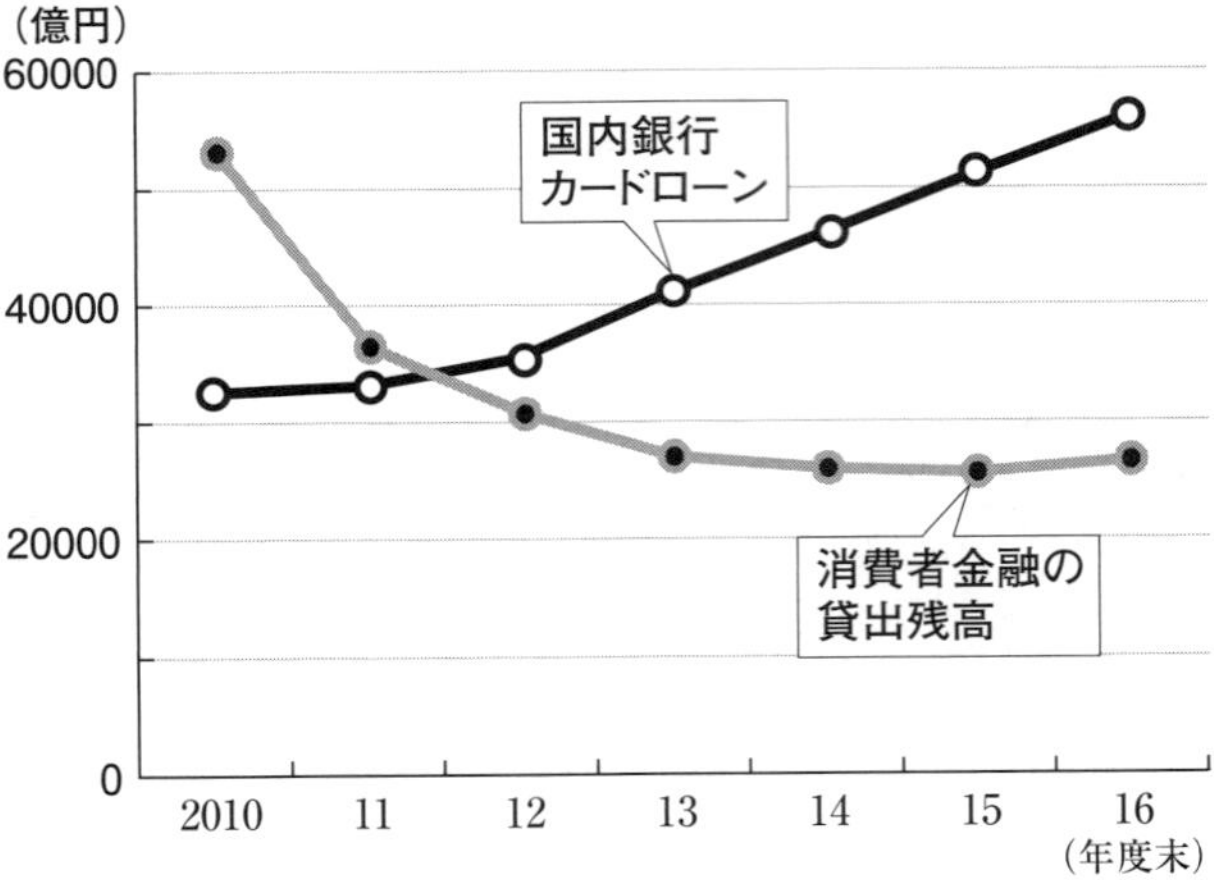

金融庁「貸金業関係資料集の掲載について」、金融庁／消費者庁／厚生労働省（自殺対策推進室）／法務省「多重債務者対策を巡る現状及び施策の動向」を元に作成

なり、プロミスは三井住友フィナンシャルグループの傘下に入り、レイクは新生銀行と一体化しました。

そして、今、こうした消費者金融が、銀行のカードローンの保証会社として、銀行のカードローンの融資のバックアップをしています。

今、銀行のカードローンの利用者が急増しています。そのいっぽうで、消費者金融の利用者は、急激に減っています。この状況は、貸出残高の推移を見れば一目瞭然です（上図）。

なぜ、これほどまでに銀行のカードローンの貸出が伸びているのかといえば、**銀行のカードローンには利**

用者に安心だと思わせる知名度と、消費者金融の無担保、無保証人の手軽さが備わっているからです。

カードローンには、一度カードをつくってしまえば、いちいち借金の申し込みをしなくても、いつでも貸し付け枠内でお金を引き出せるという便利さがあります。また、住宅ローンや自動車ローンなどのように、何に使うのかという使途の制限がかかっていないので、他人に言えないようなことでお金が必要になった時でもお金を用意できます。さらに、ほとんどのカードローンが担保も保証人も必要としません。

それればかりか、銀行のほうから、「使わなくてもいいですから、ぜひつくるだけつくってください」と持ちかけてきます。なぜなら、カードローンを顧客につくらせるノルマを営業マンに課している銀行が多いからです。「カードローンなんて必要ない」という人でもカードローンを持ち、ついつい便利なので使い、使いすぎて破綻するというケースが後をたちません。

どんな時にも、銀行は損をしない商売をすると言われています。**無担保、無保証人のカードローンを大量に貸し出し、かりに破綻しても、銀行は、損をしないようになっています。なぜなら、消費者金融が保証会社となって、銀行のカードローンが焦げ付いても、そ**

のぶんを保証しているからです。

カードローンを借りる時に、利用者は銀行としか接点を持ちませんが、実際に審査をしている保証会社の多くは、銀行ではなく消費者金融です。前述したように、銀行には無担保、無保証人でも貸し出せるノウハウがあまり蓄積されていません。そこで、「保証会社」として消費者金融を入れ、カードローンを借りている人の支払いが滞ったら、そのぶんは保証会社である消費者金融からも焦げ付いたお金をもらうのです。そして、消費者金融は、その焦げ付いた資金を借り手から回収する。ですから、皆さんがカードローンの返済ができなくなったら、銀行ではなく「保証会社」である消費者金融から取り立てが来ることになります。

これは、銀行が損をしないためのスキームです。もし支払いが滞ったら、保証会社が借り手に代わって銀行に支払いをしてくれるのですから、銀行は損をせずに高金利のカードローンをどんどん貸し出すことができます。

消費者金融業界には「年収の3分の1までしか貸してはいけない」などの厳しい規制がかけられています。けれど、こうした規制は、銀行のカードローンにはまだかけられていません。大手銀行では、年収の2分の1、3分の1までに貸し出しを自粛するなどの動きが出ていますが、現段階では銀行業界そのものが総量規制の対象になっているわけではないので、貸し出そうと思ったら目一杯貸すことができます。

しかも今の銀行業界には、カードローンで稼がないと、経営が危うくなるかもしれない厳しい台所事情があります。

ゼロ金利政策にあえぐ国内銀行

銀行が、なりふりかまわずカードローンで儲けようとする背景には、日銀の常軌を逸した金融緩和があります。

現在、黒田東彦総裁のもとで、日銀は銀行から国債を買って、大量のお金を銀行に流しています。しかし、アベノミクスで企業の内部留保は100兆円も増えたので、企業が以前のようにお金を借りなくなっています。また、給料が上がらないので、住宅ローンを借りに来る人も増えません。つまり、お金を貸す先がなくなってきているのです。

それでも日銀からどんどんお金が流れてくるので、銀行はしかたなく、そのお金を日銀の「当座預金口座」に入れて、0・1%の金利をもらっていました。

2013年に日銀が「異次元の金融緩和」を始める前の当座預金口座の残高は約60兆円

でしたが、「異次元の金融緩和」を始めてから、銀行がみんなお金を預けるので、この当座預金の残高が2016年にはなんと約300兆円を突破しました。

これでは、銀行にせっかく流したお金がひたすら日銀に積まれるばかりで、期待していたように市場に流れていくことがありません。ということで、日銀は、「これ以上お金を当座預金口座に預けたら、預けたお金に0・1％の金利をつけるのではなく、逆に0・1％の手数料を取る」と宣言しました。0・1％の手数料を取るということは、金利に直すとマイナス0・1％の金利をつけるということ。これが「マイナス金利政策」です。

そんな状態で、日銀から「貸し出せ、貸し出せ」とどんどんお金が流れてくる。そこで、貸出先がない銀行が目をつけたのが、カードローンです。

カードローン金利は年14％前後と、他のローン金利よりも圧倒的に高い金利を取れます。 14％といえば、預金金利が0・001％なので、預金金利の1万4000倍。運用難の中で、銀行にとってはうま味が大きな金融商品です。しかも、リスクは消費者金融が負ってくれ、総量規制もないのでいくらでも貸し出せます。

借りるほうも、相手が消費者金融だとちょっと身構えますが、銀行ならなんとなく安心感があります。銀行でキャッシュカードをつくっている人が大半ですから、「お持ちのキャッシュカードにカードローン機能を付けておくと、残高不足になってもローンで支払いができて、いざという時に便利ですよ」などと言われたら、抵抗感なくカードローンをつくるという人も多いでしょう。

そういう意味では、**カードローンは銀行にとってはまさに大きな打ち出の小槌。**ですから、日銀の過酷な金融政策が続く限り、銀行は、この打ち出の小槌を振り続けることでしょう。

老後を破産させる、カードローン

野村総合研究所のアンケート（2014年）を見ると、カードに機能がついているだけの人も含めるとカードローン保有世帯は28・4％。

いま、4世帯に1世帯が、カードローンを持っているということになります。

しかも、持っている世帯の64・1％は、銀行系のカードローンです。さらに、借り入れているお金は、50万円以上が86％と大半で、300万円以上という人も31％います。

しかも、300万円以上借りている人の20・1％は、借金を返すためにお金を借りていると答えていますから、すでに何枚かカードローンを持ち、借金が自転車操業的に増えて

カードローンの借入額別借入目的（2014年5月末現在）

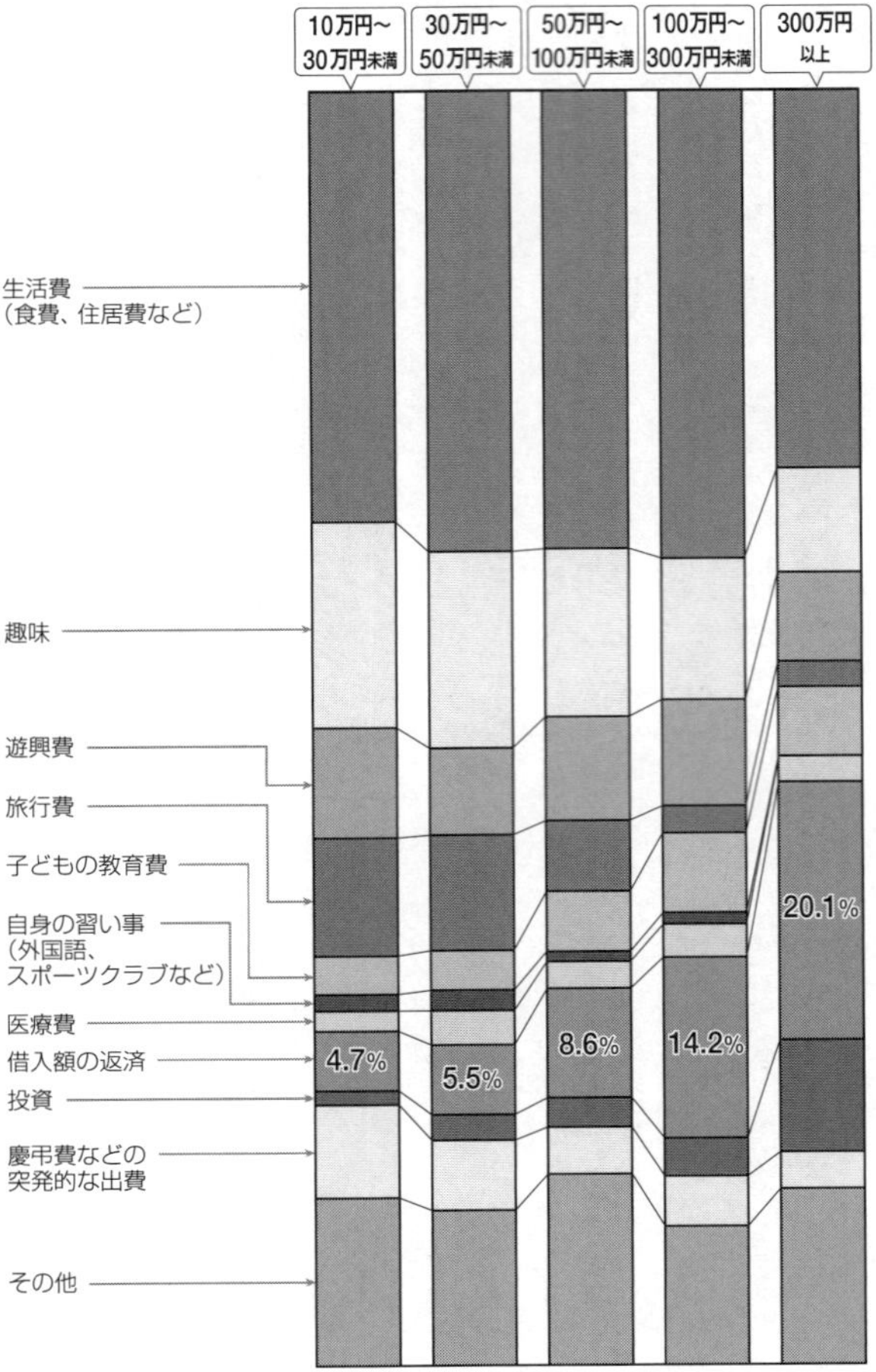

野村総合研究所「カードローンアンケート調査分析結果」を元に作成

いる可能性があります。

年代別に借り入れの目的を見ると、生活費（食費、住居費など）が最も多くなっています。特に、カードローンでお金を借りて生活費に回している割合は30代、40代でも多く、3割前後が生活費の一部としてカードローンを使っている実態がわかります。

また、40代、50代の働き盛りは借入額が多いのが特徴で、100〜300万円未満という一歩間違えば返済不能に陥りそうな金額を借りている人がそれぞれ5〜6％もいます。

確かに、カードローンには便利な面もあります。けれど、ATMからカードローンで引き出すお金は、自分のお金ではありません。高い利息を付けて、返さなくてはならないお金です。高度成長の時のように、給料がどんどん上がっていく時代だったら難なく返せたかもしれませんが、今の日本では給料の伸びは期待できません。

だとすれば、カードローンは、行き着くところまでいけば、生活を破壊する可能性があります。そうならないためには、もう一度、今の生活を見直して、カードローンを使わなくてもいいようなスリムな家計にしておかなくてはならないでしょう。

金融機関の内部の人に取材すると、昔のようにギャンブルでお金を使いすぎて自己破産するという人は、あまりいないのだそうです。その代わり、**生活費が足りなくなり、つい**

カードローンの年代別借入目的（2014年5月末現在）

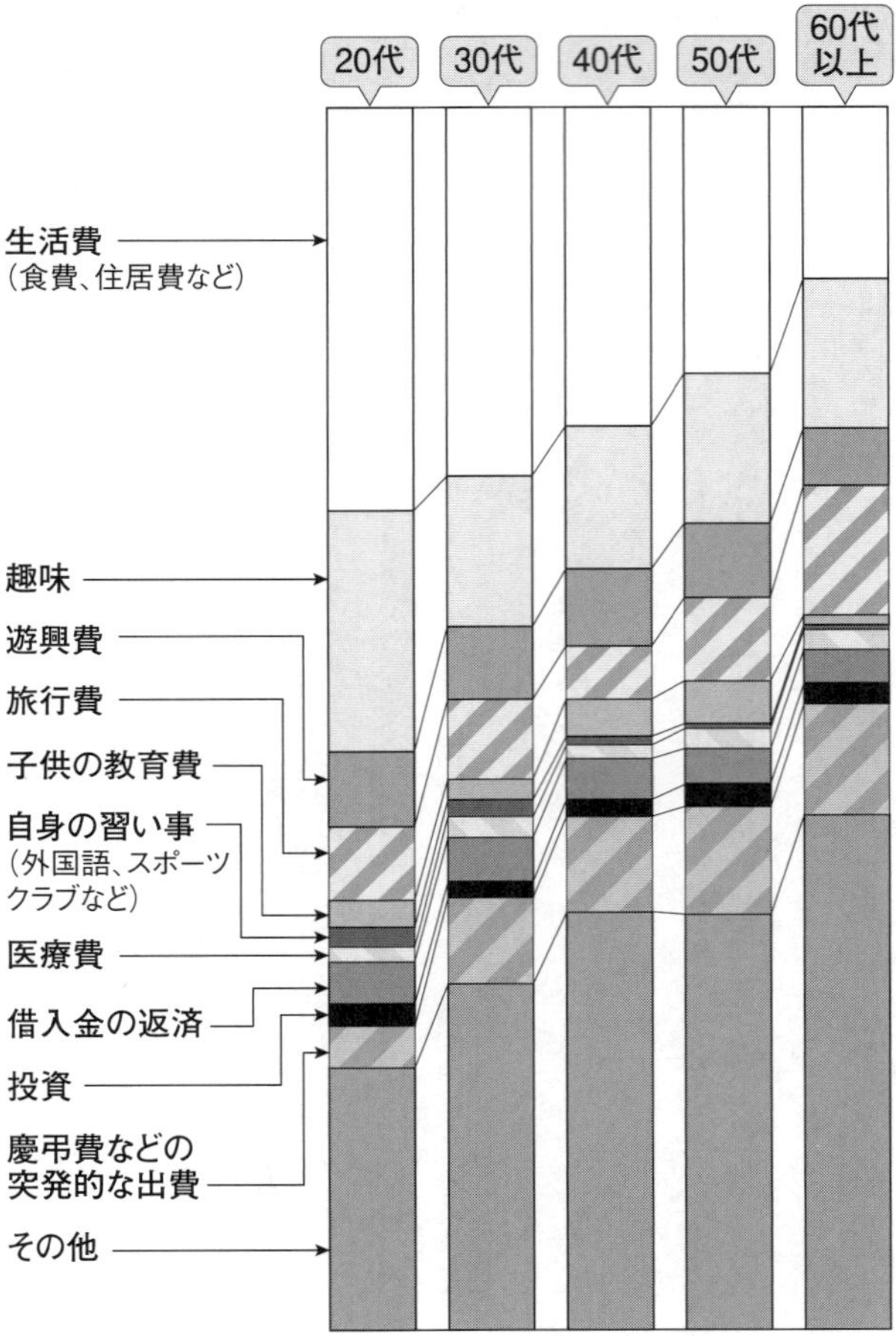

野村総合研究所「カードローンアンケート調査分析結果」を元に作成

ついカードローンに手を出して、多重債務に陥り、最終的に自己破産に追い込まれるというケースが多いようです。

しかも、その多くが、住宅ローンと教育費がダブルでかかってくる40代、50代。「老前破産」したくなかったら、まずカードローンには手を出さないと、しっかり決心すべきでしょう。

けれど、すでにカードローンを使って、自転車操業に追い込まれ、その生活からなかなか抜け出せなくて苦しいという人は、どうすればいいのでしょうか。

“悪徳”家計専門家にご注意を！

借金相談といえば、後でも紹介する債務整理相談が大きく取り上げられますが、その前に、もう一度、自分の家計を見直してみることをお勧めします。

最近は、家計の見直しを専門にするプロも増えてきました。ただ、お金を払ってそうしたところで相談する前に、最低限、自分の家計が置かれている状況を、自分自身で把握してみましょう。

借金があって貯金がない人ほど、家計のことを考えるのが苦痛なので、ついついスルー

してしまいがち。けれど、その自覚なしには家計の改善は前に進めません。家計の見直しについては、まず72ページにある「資産の棚卸し」から始めてみましょう。それも、1人でやるのではなく、できれば妻（夫）と一緒にやってみましょう。

自分たちでは難しければプロに家計相談するというのもいいですが、相談する相手がどういう人なのかは、しっかりチェックしなくてはいけません。

例えば、みなさんはNPO（特定非営利活動法人）と聞くと、ボランティアで人を助けている高邁な精神の団体と思うかもしれません。確かに、多くはそうした団体ですが、日本には、現在5万以上のNPOがあり、東京都だけでも約1万の団体が存在します。その**NPOのすべてがクリーンなボランティア団体とは限りません。**

中には悪徳金融業者まがいのものが紛れ込んでいる可能性もあります。NPOというのは、国や自治体などが活動内容をチェックして営業を許可している団体ではなく、届出制で一定の条件をクリアすれば誰でもつくれる団体だからです。

実際にあった例では、「借金の整理をお手伝いします」という宣伝をたよりにたずねてみたら、弁護士や司法書士などの資格がないのに勝手に「債務整理」と称して借金の付け替えを行って多額の手数料を請求したり、中には悪徳弁護士と共謀して相談者を食い物にしていたケースもありました。

また、専門家と言われる人の中にも、頼ってはいけないような人もいます。

「家計の見直し、お手伝いします」などという広告を見かけ、行ってみたらお手伝いどころか高い保険を売りつけられたなどというケースがあります。高い保険を売りつけられたのならまだわかりやすいですが、中には、自分がカモになったことにすら気づかないケースもあります。

例えば保険などは、「同じ保障でも、保険料が安くなります」と貯蓄性の高い保険をやめさせ、やめた時に帰ってくる解約返戻金を頭金にして安い掛け捨て保険に入り直せば、確かに月々の保険料は安くなります。**実際には、貯蓄性の高い保険を放棄してしまって損をしているのですが、素人だと単に「保険料が安くなってありがたい」と思うだけで、自分が損をしたことには気づきません。**しかも、保険を掛け替えさせたことで、業者にはしっかり保険会社からマージンが入り、儲かっています。

債務整理は弁護士に頼むという方も多いかもしれません。弁護士は国家資格で正義の味方というイメージが強い。実際に正義感の強い方もたくさんいます。しかし、弁護士の中には、金融業者や不動産業者などと一緒になって客を食い物にする悪徳弁護士もいます。

弁護士の懲戒処分件数と弁護士数の推移

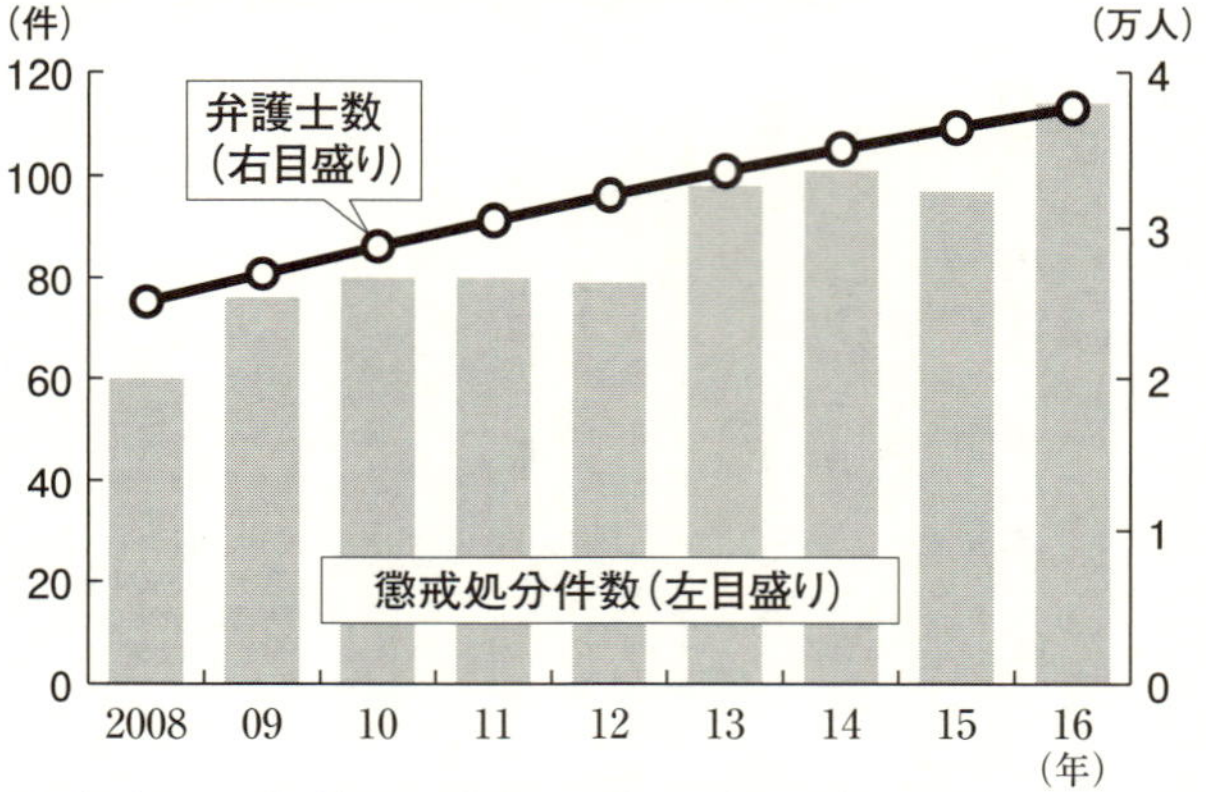

※日弁連による懲戒処分・決定の取消し・変更は含まれていない。
日本弁護士連合会「2016年 懲戒請求事案集計報告」、日本弁護士連合会「弁護士白書2016年版」を元に作成

しかも、弁護士の数の増加にともない、悪質な弁護士も相対的に増えているようで、２０１６（平成28）年には弁護士の懲戒処分が過去最高の１１４件となりました。

債務で悩んでいる人は、誰でもいいから助けて欲しいと藁にもすがる気持ちになるのでしょうが、相談するにしても相談する相手が悪いと、さらなるドツボにはまっていく可能性があることはしっかり覚えておきましょう。

心配なら、公的な機関に相談を

民間だと、どうしても営利に走りそうで心配だという人は、公的な機関の

相談を利用しましょう。

まずは**地域の自治体や福祉事務所、生協などで家計相談支援事業をやっていないかチェックしてみましょう。**

こうしたところでは、厚生労働省のガイドラインをもとに、相談者が自ら家計を管理できるように、生活するうえでの極めて基本的な考え方をアドバイスしてくれるケースが多いです。さらに、どうしても本人の手に負えないという場合には、専門家を紹介してくれます。

自治体の中には、無料で暮らしの相談や法律相談などをしているところがかなりあります。例えば東京都では、架空請求に関する相談や消費生活相談、高齢消費者被害相談などを無料で行っています。また、区役所レベルでも、予約すれば無料法律相談ができるところは多くあります。さらに、各地の弁護士会などが無料相談を行うケースも増えています。

ちなみに、相談だけなら弁護士の料金は30分5000円程度です。

また、**国によって設立された、法的なトラブルを解決するための全国的な組織「法テラス」でも、無料法律相談をしています。**「法テラス」は、正式名称を日本司法支援センターといい、全国50カ所に地方事務所を設置しています。問い合わせに応じて、一般的な法制度や法手続きに関する情報と、適切な相談機関（弁護士会、司法書士会など）に関する情報を無料提供しています。また、経済的に余裕がない人が法的トラブルにあった場合にも、無料で法律相談をするだけでなく、必要な場合には、弁護士・司法書士の費用の立て替えも行っています。

借金問題は、適切に対処すれば、必ず解決できます。たとえ、多重債務に陥ってしまったとしても、専門家の手を借りればなんらかの手を打つことはできます。最悪の場合、自己破産で借金を帳消しにするという方法も残されています。

借金の前に、一歩立ち止まる

最後に補足したいことがあります。これからまだ当分の間、デフレが続きます。なぜなら、日銀の金融政策が、明らかに失敗しているからです。そしてデフレが続くと借金は相対的に増えていきます。デフレとは、モノの値段が下がることで、昨年1万円だったものが、今年は9500円で買えるという状況です。仮に、昨年1万円の借金をして買ったものがあるとしたら、今年は9500円の借金で買えるわけですから、昨年借金をした人は、1年間で5％ほど、借金が増えてしまっているのと同じことになります。

しかも、その借金の金利は、カードローンともなると14%前後ですから、もしモノの価格が5%下落していたとしたら、これを加味すれば、20%も借金が増えていることになります。確かに、住宅ローンと教育資金の支出が重なる40代、50代は、多くの方の生活が苦しいことでしょう。**子どもの将来を思うと、無理せずにはいられないという気持ちにもなるでしょう。けれど、だからといって金利の高いカードローンに走ると、それで身を滅ぼしてしまう可能性があります。**

まずは、妻（夫）と、現状認識を共にして、対策を立てましょう。76ページで紹介したように、家計をダウンサイジングすることはもちろんですが、妻が働くことで収入を増やすことができないか、夫がネットなどでちょっとした副業をすることができないか、考えてみましょう。

恥ずかしいかもしれませんが、親にゆとりがあって、なおかつどうにもならなくなったら、双方の親にお金を借りるということも考えてみましょう。その際は、しっかりと返済計画を立て、借りたお金は返していきましょう。少なくとも、親から借りるお金は、カードローンよりは金利が低いはずです。

借金は、「老前破産」最大の要因です。そのことを肝に銘じ、まず借金のくびきから解き放たれることを願います。

第5章　家族関係のトラブルは、家計の万病のもと

息子の将来が仕事の励み

「妻が、壊れてしまった」。久保田文夫さん（仮名・58歳）は、泣きじゃくる妻の由美子さん（仮名・55歳）を見て、そう感じた。「直ちゃんを追い出すなんて、どうしてそんなことができるのよ！」。そう言いながら、由美子さんは久保田さんに殴りかかった。非力な妻の拳は殴られてもどこか弱々しく、体より心が打たれるような思いだった。声をあげてオイオイ泣く妻を見ながら、「俺が悪かった。お前は悪くない、ぜんぶ俺のせいだ」と、久保田さんは心の中で、そう叫んだ。

久保田さんは、もうすぐ定年。妻の由美子さんと30歳になるひとり息子の直人さんの3人暮らし。直人さんは、２００９年に大学を卒業してからまともな職業についておらず、半年前からやっとバイトを見つけて働き始めた。

直人さんは、小学校、中学校、高校ととても良い成績で、大学も第一志望に合格した。久保田さんにとっては、おとなしくて頭が良く、親切で礼儀正しい自慢の息子だった。「一流大学に入れたのだから、俺のように、一流の会社に入れるだろう」。そう思って、息子の将来を楽しみにしていた。

これまで仕事で忙しかった久保田さんは、直人さんのことは妻の由美子さんに任せっきりだった。由美子さんから聞く話は、「直ちゃんが、今日は先生に褒められた」とか、「直ちゃん、模試の成績が前より上がった」など、いい話ばかり。久保田さんの期待も膨らみ、仕事の励みにもなったと言う。


由美子さんとは、同じ会社で知り合い、結婚した。お嬢様大学を出て、結婚するのが夢というような可愛い女性で、結婚すると会社を辞め、専業主婦として忙しい久保田さんを支えた。結婚してほどなく息子が生まれ、良き母として一生懸命に子育てした。子育ては妻に任せっきりだったが、夫が外で働き、妻が家庭を守るという家庭内の棲み分けもしっかりしていたので、大きな喧嘩をすることもなく、久保田さんはこの妻といる限り安心だと思っていた。

直人さんが高校に入ると、大学受験のために本格的に塾通いが始まった。夜遅くまで塾で勉強していて、その送り迎えは由美子さんがしていた。

ある日、仕事が早めに終わって家に帰ると、部屋は暗く、食卓には久保田さんの夕食だけがポツンと置かれていた。仕方なく1人で夕食を食べ終えると、妻と息子が帰ってきた。雨が降ってきて寒かったので、塾の帰りに2人でラーメンを食べてきたという。

久保田さんは心の中で、「せっかく早く帰ってきたのに、これじゃあ、いつもと変わらないな」とつぶやいた。けれど、今は自分よりも息子が頑張らなくてはいけない時だとわかっていたし、しっかり息子をフォローしてくれる妻に感謝こそすれ不満はなかった。

内定が出ない

はじめて息子の将来に不安を感じたのは、大学卒業が迫ったある日だった。就職試験を受ける毎日だったが、なかなか内定が出ない。2008年のリーマンショックで就職難とは聞いていたが、それは、久保田さんが思っていたよりずっと厳しい状況だった。

妻がつくった就活ノートを見ると、目指す企業の情報がびっしりと書き込まれていた。由美子さんは、エントリーシートや履歴書から、面接のスケジュール、会場への交通手段など、すべて整理して一冊のノートにまとめていた。けれど、そのノートに書き込まれた会社に、次々と不合格の印のバツがついていく。受けても受けても、内定が出ない。

「直ちゃんが行っている大学なら、このくらいのレベルの会社に落ちるはずはないのに、変よね」。ノートを見ながら、妻がため息をついた。

息子は、いくつも会社を落ちて、すっかり自信を失っているようで、親とも話したくないらしく自分の部屋から出てこない。そんな息子を、由美子さんは、「直ちゃんを採用しないなんて、会社のほうがおかしいのよ。次は、きっと大丈夫。頑張ろうね」と、ドア越しに必死で励ましていた。

就職留年で150万円

直人さんは、就活で43社受けたが、どこも受からなかった。正確に言えば、1つだけ、直人さんが由美子さんに内緒で受けた小さな会社があり、そこだけは内定が出た。けれど、由美子さんは、「こんな小さな会社じゃ、直ちゃんの将来が不安ね」と言って、大きな企業の就活を続けさせ、せっかく内定していたその会社を逃すことになってしまった。

結局、息子は就活に失敗し、内定をもらうことができなかった。そこで、1年大学の在学期間を伸ばし、就職浪人させたいと妻が言い出した。

1年留年すれば、そのぶん学費が150万円ほどかかる。けれど、それで一流企業に就職できるなら、ひとり息子の将来を考えたら親としてはしかたない出費だと思った。由美子さんも、「私も、パートに出るから」と言う。

しかし、1年間留年したものの、就職は決まらないままだった。そのうち、すっかり自信をなくしてしまったのか、直人さんは面接にもいかずに部屋にこもってゲームばかりするようになってしまった。

そんな息子に、由美子さんはドア越しに四六時中声をかけていた。部屋から出てこないので、食事も、ドアの前に置いておくようになった。

最初は、久保田さんも、息子がそんな状況になっているとは知らなかった。けれど、朗らかだった妻の口数が少なくなり、時々ため息をつくようになったのを見て、おかしいと思って問いただすと、急に泣き声になって「もう、私の手には負えない」と、状況を話し出した。

「つまり、引きこもりになってしまったということか」

妻が、小さくうなずいた。まさか、自分の子どもがそんな状態になっているとは、久保田さんは思ってもみなかった。

ドア越しに、「ちょっと話があるから来い」と言っても返事がない。壊れるほどドアを叩く夫に、「もう、ヤメて。直ちゃんだって、苦しいんだから」と妻は必死で抵抗した。

息子が「引きこもり」に

1年留年したにもかかわらず、直人さんの就職は決まらず、本格的な「引きこもり」生活に突入した。

髪もヒゲも切らないまま伸び、そのせいか顔つきが変わって、それまでの礼儀正しく清潔な息子の面影が消えた。最初は、無理やり部屋から出そうとしたが、暴れて、その力があまりに強かったので、久保田さんも少し怖さを感じたという。

家の中には寒々しい空気が漂い、久保田さんも、どうにかして息子と話してもう一度就職活動をする気力を起こさせようとしたが、かえって親を避けるようになり、最後には一歩も部屋を出ようとしなくなった。息子がトイレに行くために部屋を出たのを察知して話をしようとしたこともあったが、突き飛ばされて、危うく階段から転げ落ちそうになった。

こうした状況が2年続き、その間に卒業証書だけはもらったが、息子の部屋にも入れない状況だった。

どうしていいのかわからずに、「引きこもり」の対応に信頼が置けそうな心療内科をネットで検索し、相談に行った。

それは、久保田さんにとってはとても恥ずかしく、勇気がいることだった。もとはといえば息子のことであるのに、まるで自分自身が否定されているようで、惨めさや罪悪感まであったと言う。けれど、このままでは事態が悪化するだけで解決にならないことだけはわかっていたので、ためらった末、思い切って病院の門をくぐった。

抑圧続きの人生

迎えてくれた先生は、笑顔で優しく、一生懸命に久保田さんが話す言葉に耳を傾けてくれた。最初は何を話せばいいのかわからなかった久保田さんだが、反論もせずひたすら話を聞いてくれる先生の笑顔に誘われるように、これまでの経緯や自分の心情、妻のこと、息子のことなどをとりとめもなく話した。

それは、久保田さんにとっては、初めての経験だった。それまで、家族に対しても、これほどまでに自分のことを話すことはなかったからだ。

それなのに、何も言わず頷いてくれる先生を前にすると、自分でも驚くほど次から次に言葉が出てくる。

「本当にお恥ずかしい。赤の他人にこんなことまで話すなんて……」と言うと、先生からは「いいんですよ。まずは、親御さんの気持ちが楽になることが大切なんです。親御さんが楽になり、自分のことを考え、いろいろなことがわかって変わっていかないと、直人くんも変われないです」と返ってきた。

先生の言葉がどういうことなのかは、その時にはわからなかった。けれど、何度か心療内科に何度も足を運び、先生と話していてわかってきたのは、息子は、自分に似ているということだった。

自分のことを紐解いていくと、行き当たったのは、心が傷ついて、とても悲しい己の姿だった。自分も、息子と同じように、両親にとって誇れる息子であるために、良い学校、良い会社を目指し、世間では一流と言われる会社への入社を目指した。そこで、運良く会社に入社することができたが、そのあとは、挫折の連続だった。会社でのポジションを維持するために馬車馬のように働いたが、同期に出世で先を越され、地方の支店に飛ばされた。単身赴任で配属された支店では、そこで働く人たちとソリが合わず、陰湿ないじめにあった。本社に戻っても、すでに社内の出世競争のレールには乗り遅れていた。50歳が近づくと、会社でも先が見える。結局は、名ばかり管理職となり、自分より若い社員のご機嫌を取りながら、最後は定年という首切りで会社を追い出されることになるのは目に見えていた。

その1つ1つが、自分にとっての心の傷として突き刺さっている。その傷を、家族にも見せまいとして、何ごとにも無関心を装って、家族とも距離を置いてきた。それが、自分の本当の姿なのだとわかってきた。


——山のように痛い経験をした。会社に行きたくないと、何度も思った。その痛い思いを、息子は、入社する前に経験しているのだと思えば、自分の心の傷を隠そうとするあまり部屋を出られなくなってしまった気持ちに、涙が出る思いだったと言う。

「でも、息子さんは、お母さんには甘えることができたのではないですか?」そう聞くと、

「いや、妻も本当の意味で、息子を甘えさせてあげていなかったのだと思います。私は、妻に家庭を任せ、しっかり子育てをすることを求めてきた。いい学校に入り、いい会社に入るように育てることを、暗黙のうちに妻に求めていたのかもしれません。それに、妻は一生懸命に応えた。もし、息子のことを甘えさせられる親だったら、初めて息子が自分の力で内定をもらった会社を潰したりはしなかったでしょう」

息子のためにカウンセリングへ通ううちに、久保田さんは、心の奥底に蓋をしていた自

分の心情を思い起こし、自分が息子に期待ばかり押し付け、愛情を表現することに欠けていたと気づいたと話してくれた。

由美子さんとは、長年連れ添いながら、いつの間にか2人で楽しく過ごすということがなくなっていた。毎日会社の仕事に追われ、土・日はのんびり家でゴロゴロしているだけ。親戚の葬式でもない限り、2人で出かけるなどということはなくなっていた。

夫婦仲の修復

何度目かのカウンセリングに、久保田さんは、妻の由美子さんを伴った。妻と一緒に、自分たちのことを振り返り、息子にできることをしてあげようと思うようになったからだ。

由美子さんは、最初は息子でなく、なぜ自分たちがカウンセリングを受けなくてはならないのか、訝《いぶか》っていた。けれど、「何も言わなくてもいいから、一緒にいるだけでいいから」という夫の言葉に従った。1回目は、夫に同伴するだけだったが、2回目には、今までは夫にも話したことがなかった小さな頃の話や女子高生時代の話を思い起こし、カウンセラー相手に色々と話し始めた。

その帰り道、恋人時代に2人でよく会っていた喫茶店がどうなっているのか見にいこうという話になった。行ってみると、その場所に喫茶店はもうなかったが、近所に見覚えのある洋食屋があった。そこで、ハンバーグを食べたいと妻が言うので、2人でハンバーグを注文した。

妻は、「おいしいね」とハンバーグを頬張って笑った。久保田さんは、久しぶりに妻の笑顔を見た気がした。

それから時間があると久保田さんは、息子の部屋のドア越しに、息子に話しかけるようになった。自分の小さかった頃の話、父親の話、母親の話、それは、今まで家族にはあまり話したことがない、仕事以外の話だった。

思い返せば久保田さんは、これまでこうした類の話は、役に立たない無駄話だと思っていた。直人さんにも、話をする時には「どんな目的で話すのか」「しっかりした内容か」を考えながら話せと教えてきた。思いつくままにダラダラと話すということは、時間の無駄だとさえ思っていた。けれど、カウンセリングに行って、どんな内容であれ、話すということは、それ自体が楽しいのだということをはじめて知った。観たテレビのこと、読んだ本のこと、会社の守衛さんの変な癖や、食堂のおばさんが髪をカットして綺麗になったこと。息子が聞いていようといまいと関係なく、自分で楽しみながらしゃべり続けた。

息子の自立と妻の混乱

ある日、家に帰ると、妻が駆け寄ってきてはずんだ声で、「直ちゃんが、ありがとうって、台所まで食器を持ってきたの」と言った。よほど嬉しかったのか、目には涙が浮かんでいた。

その日から、直人さんの引きこもりの状況は、徐々に改善の兆しを見せ始めた。家族と一緒にご飯を食べるようになり、一緒にテレビを見るようにもなった。

そして1年後には、短時間だが、近くのコンビニでバイトも始めた。

ある日の夕食で、直人さんは突然こう言った。

「お父さんは、退職金とかあるから、お母さんと暮らしていけるよね。僕は、ボランティアをやりたいんだ。NPOで、給料はそんなに出ないけれど、自分が食べていくくらいはもらえるらしいから、今までのように迷惑はかけません。福島だけど、行かせてもらえませんか?」

すると由美子さんが、驚いたように「えっ、なぜ福島なの。ボランティアなら、東京でもできるんじゃないの。直ちゃんがそんな遠いところに行っちゃうなんて、お母さん、心配で眠れなくなっちゃう。東京で、同じようなところ見つけてあげるから……」。その由美子さんの言葉を遮って、久保田さんは、「お前が決めたなら、しっかりやれよ。何か、必要なものがあったら、いつでも送ってやるからな」と言った。

「うん、ぼく、決めたから」

由美子さんは呆然としていたが、久保田さんは、初めて息子の瞳の中に熱い決心を見て自分も心が熱くなった。

息子が家を出ていったことで、由美子さんは、最初は泣きじゃくり、次には「こんなに直ちゃんのことを大切にしてきたのに、簡単に私を捨てていくんだ」と恨み、壊れたかと思うくらいの癇癪《かんしゃく》を起こし、疲れ切って眠るということを繰り返すようになった。

家に帰ると、空っぽの酒ビンを抱えて、寝息を立てていることもあった。

ただ、そんな妻の状況については、久保田さんは、事前にカウンセラーから聞いていた。

「奥さんと息子さんは共依存していると思われます。息子さんの世話を生き甲斐にすることで、自分が必要な存在と確認できるので、そこから抜け出せなくなっている可能性があります。もしかしたら、息子さんが引きこもりになったことを、無意識に喜んでいるかもしれません。世話をする相手が24時間同じ家にいるのですから。けれど、息子さんは、自立して、いずれ家を出ていく。そうなったら、自分の新しい居場所を見つけるまで、かなり大変かもしれません。それは、覚悟しておいてくださいね」

その言葉通り、息子が出ていった後の妻は、依存する相手を失い、壊れてしまったように見えた。

「今度は、奥さんに話しかける番です。まずは、あなたが単身赴任で家を空けていた時、どれだけ奥さんが辛かったか、その辛い中でどれだけ頑張ったかを想像し、あなたがどれだけ感謝していたかをしっかりと伝えてください。自分は辛かったけれど頑張ったと思えるようになれば、自己肯定できるようになるはずです。奥さんにも、悪いところはいろいろあるでしょうが、その悪いところも含めて奥さんを愛し、受け入れていることを伝えてください。言葉で難しかったら、手紙を書いてください。それがしっかりと伝われば、奥さんも立ち直れるようになると思いますよ」

久保田さんは、老後生活を破綻させないために、今やらなくてはならないことは、妻に自信を持たせ、2人の関係を自立したものにすることだと言う。

お互いに、長い老後を向かい合って生きていかなくてはならない。まだ、その長い道のりのスタート地点に立ったばかりだが、泣いている妻の顔を笑顔にしてあげられたら、老後は2人にとって楽しく明るいものになると信じていると言い切った。

まず、しっかり家族を立て直し、愛情を取り戻す

これまで散々お金のことを話してきて、「老前破産を防ぎたいなら、一番大事なのは、家族関係を見直し、立て直すこと」と言ったら、皆さんは、意外に思うでしょうか。

安心な老後を支えていくのにお金が大事というのは、実際にその通りです。

けれど、安定した家庭、信頼できる家族関係がなくては幸せな老後は送れません。**いくらお金があっても、家族関係が破綻していては、長い老後を幸せに、愛情深く後悔なく過ごすことはできません。**

前述の久保田さんの場合には、ご主人があまりに忙しくて子どもの教育を奥さんに任せ

っぱなしにしているうちに、いつのまにか、家族の中で奥さんと息子さんがお互いに依存し合う関係になり、それぞれが悩みを抱えて家族崩壊寸前にまで陥りました。

ただ、そこでなんとか家族を立て直せたのは、久保田さんに、「もう一度、しっかり家族を立て直し、愛情を取り戻したい」という強い気持ちがあったからでしょう。

いつのまにか、息子に依存することで自分の存在意義を感じていた奥さんは、息子が自立してしまったことで自分を見失ってしまいました。それでも、久保田さんの家族再生を願う強い気持ちが奥さんに伝われば、息子さんが抜けてポッカリと穴の空いてしまった奥さんの心も、いつか愛情で満たされていくことでしょう。

これは、家族に限った話ではありません。

1人で暮らしている人もいます。親子で暮らしている人もいます。男同士で暮らしている人もいます。女同士で暮らしている人もいます。人には言えない関係で一緒に暮らしている人もいます。

ただ、どんな暮らし方をしていても、人間は、絶対的に1人でいられる存在ではありません。離れていようが、近くにいようが、どこかで、誰かとつながりながら、誰かと人間関係を持ちながら暮らしています。その関係が幸せでないと寂しい人生になってしまうのではないでしょうか。

お金が、人生の幸せを与えるのではありません。お金は、人生を幸せに過ごすためには必要なものですが、お金の最も大きな役割は、人間関係という土台を支えることにあります。その人間関係の土台は、お互いの「自立」によってつくられます。

大卒の10人に1人は無職

自立といっても、さまざまな自立がありますが、ここでは主に、お金の自立について考えてみましょう。

なぜ、こんなことを書くかといえば、「子どもが家にいて、働かずに困っている」という人が増えているからです。一緒に暮らしていてもいいですが、せめて自分の食べる分くらいは自分で稼げる子ども、経済的に「自立」した子どもでなければ、親が面倒を見なくてはならなくなってしまいます。そうなれば、今は親の老後もそれほど裕福ということではないご家庭が多いので、親子共倒れにならないとも限りません。

内閣府の「子供・若者白書」(平成29年版)によれば、15歳から39歳までの若年無業者の数は、2016年は約77万人。この世代の人口の2・3%が無職者となっています。

この中で、まったく家から出られない人から、普段は家にいるが近所のコンビニなどには行ける人まで含めた、広義の意味での「引きこもり」といわれる人は、約54万人。

さらに、大学を卒業して一時的に仕事についたけれど辞めた人と、進学も就職もしていない人の数は約6万人。卒業者の10・6％が、せっかく大学を卒業しても働いていないということ。つまり、10人に1人は職についていないということになります（次ページ・図）。

さらに深刻なのは、小学校、中学校の不登校が増えていることです。特に中学生の不登校を見ると、平成に入って急激に増え、一時は減少傾向にありましたが、２０１３年から再び増加に転じ、２０１５年には10万人近くになっています。この子どもたちが、将来の「引きこもり」予備軍になる可能性はかなりあります（１６８ページ・図）。

いつまでも親元を離れられない子どもがいると、経済的に大変なことになるだけでなく、親は、子どもの将来を考えて絶望的な気持ちにもなることでしょう。しかも、家に引きこもっていると、それが引き金になって精神的な病を発症することもあります。

明らかに何らかの障害があって働けないという子どもなら親が守ってあげるべきですが、そうでなく、ほかに原因があるなら、早めにその原因を解決し、独り立ちできるような手助けをしてあげましょう。

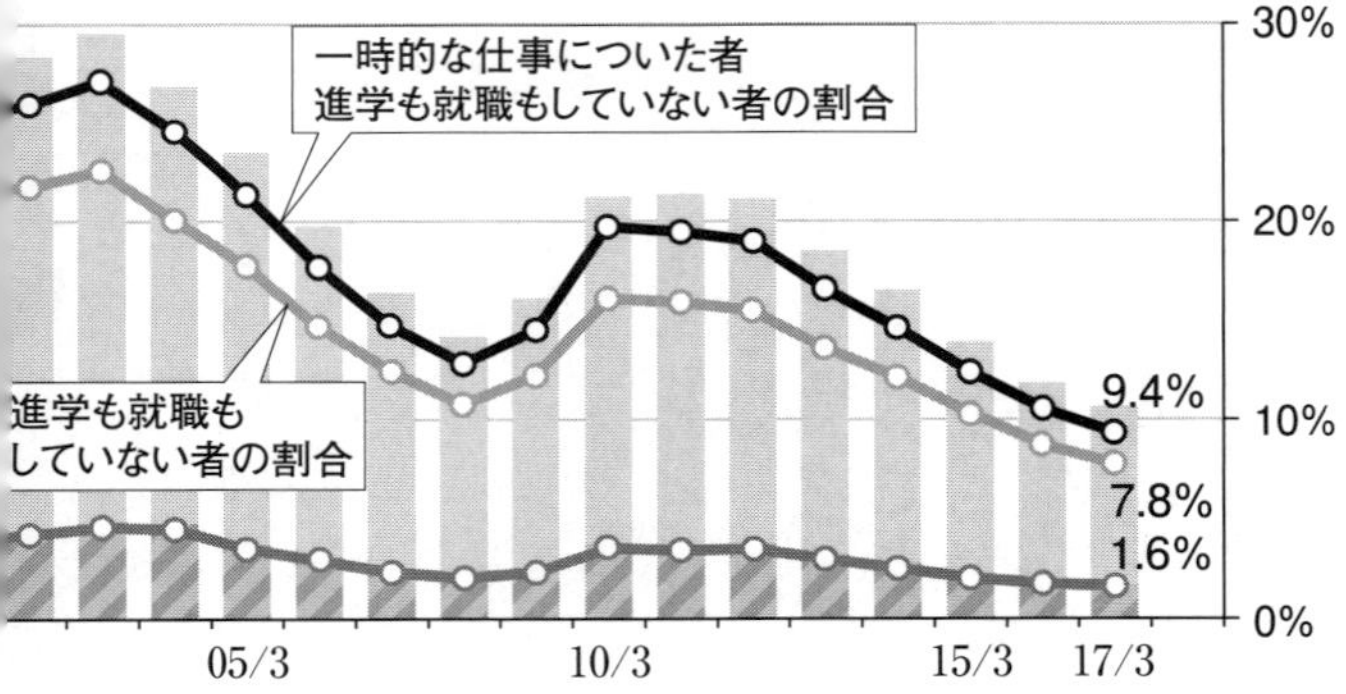

家族の問題でも、ほかの人に頼っていい

親元にいる子どもでも何らかの障害を持っている子どもは、認定を受ければ障害者年金をもらうことができます。

もらえる年金額は、障害の度合いによっても違いますが、国民年金からもらう障害基礎年金だと、1級で年97万4125円（月8万1177円）、2級だと年77万9300円（月額6万4941円）。厚生年金加入者は、ここにさらに上乗せがあります。

障害年金は、失明や指の切断など明らかな身体的障害のほかに、うつ病など精神的な障害に対しても支給されます。

大学学部卒業者における「進学も就職もしていない者」・「一時的な仕事についた者」の推移

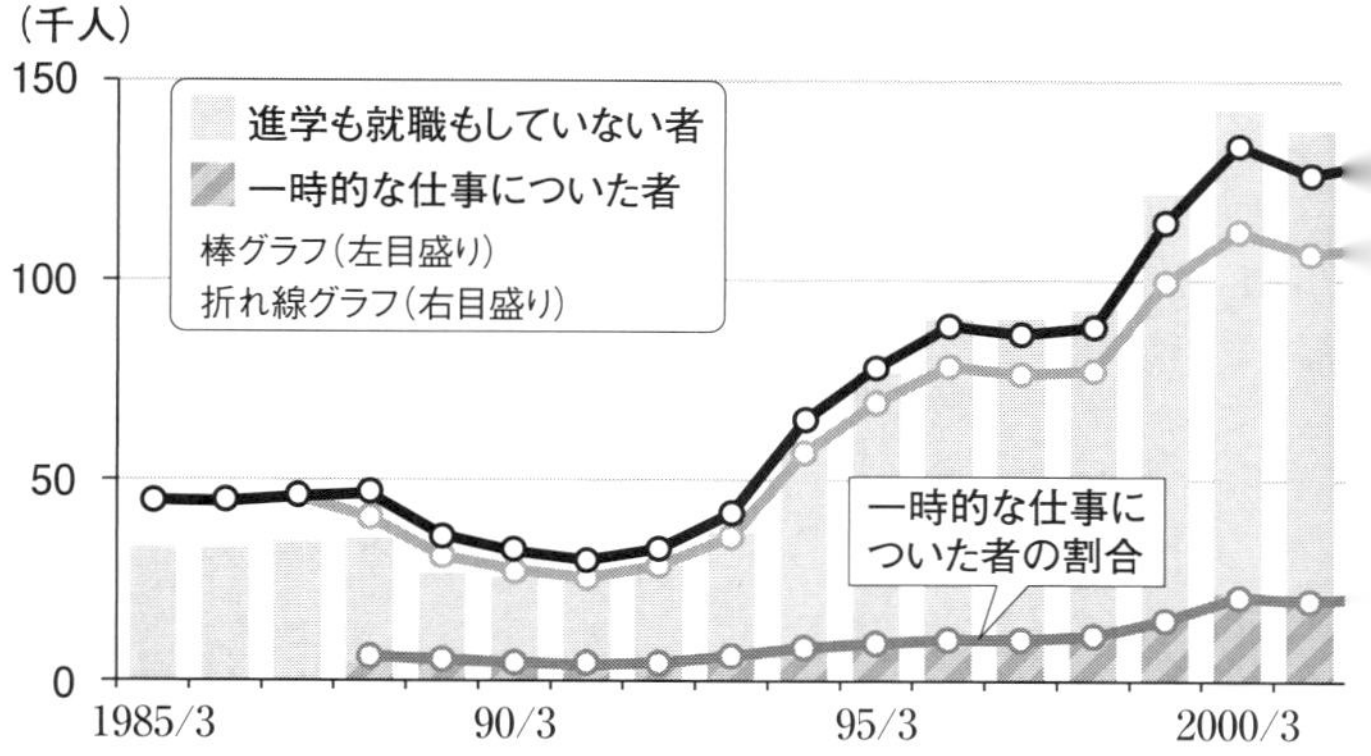

出典・文部科学省「平成29年度学校基本調査（速報値）の公表について」

ただ、「引きこもり」などは、障害とは認定されないケースが多いのが事実です。ですから、そうした子どもがいる場合には、その子どもの生活を親が引き受ける覚悟が必要となってくるでしょう。

「引きこもり」の子どもの対策については、厚生労働省も「地域若者サポートステーション」を設置し、自治体と協力して職業的自立への支援をしています。

（主な内容）

- キャリアコンサルタントなどによる個別相談、支援計画の作成
- 個別・グループによる就労に向けて踏み出すためのプログラム

不登校児童生徒数の推移

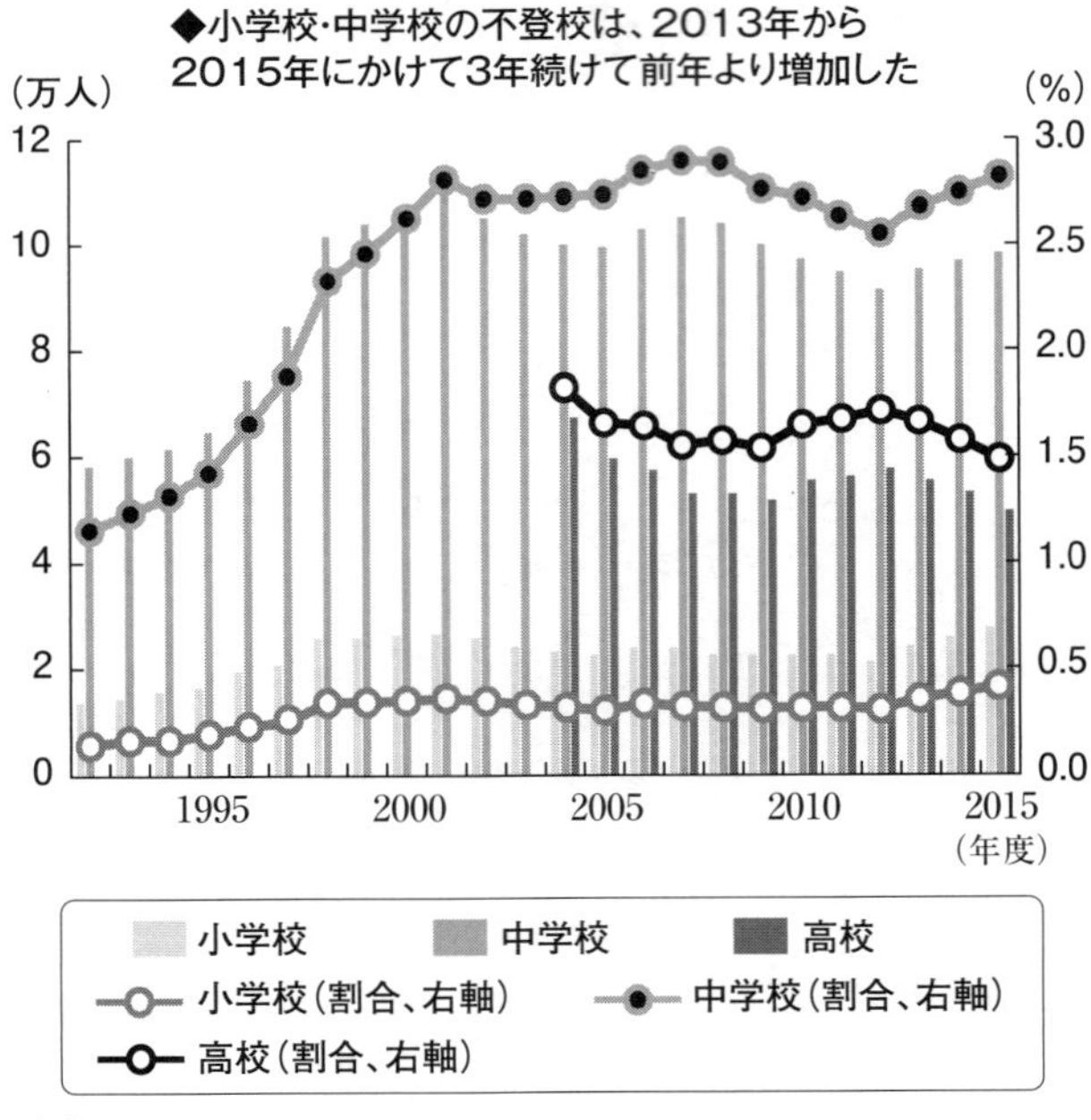

◆小学校・中学校の不登校は、2013年から
2015年にかけて3年続けて前年より増加した

(注)

1.ここでいう不登校児童生徒とは、年度間に連続又は断続して30日以上欠席した児童生徒のうち不登校を理由とする者。不登校とは、何らかの心理的、情緒的、身体的、あるいは社会的要因・背景により、子どもが登校しないあるいはしたくともできない状況にあること(ただし、病気や経済的理由によるものを除く)をいう

2.調査対象は、国公私立の小学校・中学校・高等学校(中学校には中等教育学校前期課程、高等学校には中等教育学校後期課程を含む)。高等学校は2004年度から調査

出典・内閣府「平成29年版子供・若者白書」

・就職した人を対象とする定着・ステップアップ相談
・集中訓練プログラム（合宿形式を含むサポート、自信回復、職場で必要な基礎的能力付与、就職活動に向けた基礎知識獲得などを集中的に実施）
・職場見学や職場体験
・保護者を対象としたセミナーや個別相談

また、東京都のように、独自で「ひきこもりサポートネット」などで、訪問相談、メール相談、電話相談などをしている自治体もあります。さらに、地域の保健所、精神保健福祉センターなどでも、相談にのってもらえます。

ただ、国や自治体の場合には、アドバイスしたり仕事を探してくれたりはするかもしれませんが、きめ細かな対応を必要とする場合には限界があります。ですから、自立サポートに実績があるNPOやカウンセリングが上手な専門家、親の会、フリースクールなどをインターネットなどで探し、頼るといいでしょう。

こうした問題は、1人ではなかなか解決できない面があるので、焦らず相談しながら、1歩1歩進めるといいでしょう。

夫婦の会話に困ったら、お金の話から！

子どもが何とか「自立」できたら、その次は、夫婦で向かい合う老後への準備が待っています。

実は、明治安田生命保険が、面白いアンケートをしています。これは、夫婦の会話時間と愛情の関係が現れているアンケートです。

このアンケートによると、夫婦の会話時間の平均は平日で96分。ただし約6割の夫婦が「1時間以下」（58％）なので、平日でもかなりたくさんおしゃべりしている夫婦がいる代わりに、あまり話さないという人も多いようです。

休日について見ると、会話時間の平均は233分。7割の夫婦が「1時間超」（71・3％）の会話をしているので、休日はかなり長く話していることがわかります。

夫婦の会話時間と愛情の関係を見ると、お互いに愛情を感じていると答えた夫婦が、平日に会話する時間は平均111分。愛情を感じていないという夫婦の平均会話時間は39分でした。休日はそれぞれ280分、82分でした。

つまり、お互いに愛情を感じている夫婦の会話時間ほど長くなるということです。

笑顔や挨拶、会話というのは、夫婦関係だけでなく人間関係の基本です。ですから、まずこの基本がしっかりできているということが、幸せな老後を夫婦2人で送るための大前提となります。

ただ、中には「妻（夫）と向き合って、何を話せばいいのかわからない」という人もいらっしゃることでしょう。

そういう方は、**まず夫婦で、将来に向けて、お金の話をしてみるというのはいかがでしょうか。**

72ページにある「資産の棚卸し記録表」を2人でつくるだけでも、会話のきっかけになりますよ。

子どもに残してあげるべきもの

最後に1つだけ。

以前、こんな相談を受けたことがあります。

「子どもに幸せになって欲しいと思っています。子どもにはいくら貯金を残してあげればいいのでしょうか」

それに対し、私はこう答えました。

「本当に子どもに幸せになって欲しいと願うなら、お金ではなく、生きていける力を残してあげましょう」

もし30代の子どもが働かずに家にいて、その子どもが裕福に暮らすために年間500万円必要だとすれば、50年生きるのには2億5000万円必要です。そんなお金は、普通の人には残せません。子どもは自分で稼いで食べていくしかないのです。

病気などで子どもが稼げない場合でも、お金ではなく、サポート体制を万全に、福祉につながるあらゆるチャンネルを準備しておくことが大切です。

稼ぐ力は、生きていく中で、お金以上に大切です。お金は、使ってしまえば貧乏になりますが、稼ぐ力は磨きをかければかけるほど、豊かな暮らしをもたらしてくれます。しかも、経済的な豊かさだけでなく、自分の人生は自分で切り開いたという自信につながります。

もう1つ、「自分の生活より、子どもに幸せになって欲しい」などとは、絶対に考えないこと。子どもが、「両親を踏み台にし、自分が楽な人生を送りたい」と考えているのなら、考え方は一致するので、それでもいいかもしれません。

けれど、子どもがそう考えていないなら、親が考え方を変えるべきでしょう。親が「自分の生活よりも、子どもが大切」というのは、言い換えれば、「自分が犠牲になってあなたを幸せにする」ということ。そう言われると、子どもは「自分のために犠牲になった母親」を一生背負わなくてはならなくなります。それは子どもの人生を縛ることになるかもしれません。

大切なのは、親が「自分は、幸せだ。だから、あなたも、幸せにおなり」と言えること。幸せな親を見ていたら、子どもは嬉しいし、親のように幸せになりたいと思います。それが、子どもが自分で幸せにたどり着く道しるべにもなるはずです。

第6章　お金の不安をスッキリ解消！「Q&A」集

Q

おひとりさまで老いる不安

「未婚なので、自分が病気などで働けなくなった時を考えると、とても不安です」

（会社員・51歳・女性）

未婚の方には、大切なことが3つあります。

（1）友達や親類縁者など、いざという時に頼れる人を確保しておく。
（2）できるだけ、現金を貯めておく。
（3）介護や医療保険など、いざという時に助けになる社会保障の仕組みを知っておくこと。

（1）については、何かあったら頼れる人は必要。親は先に死んでしまう可能性が高いので、できれば同年代か年下と日頃から連絡を取っておきましょう。夜中にお腹が痛くなって連絡すれば、来てくれる人。寂しい時に電話したら、相手をしてくれる人、そして知り合い。この3つのカテゴリーで人間関係を整理し、連絡先などを書き出して、万一救急搬送されたとしてもその人たちに連絡がいくようにしておきましょう。

（2）については、できるだけ現金を増やしておくこと。まず、1人で生きていくのにどれだけお金が必要なのかの概算を出し、それに近づくように貯金していきましょう。投資が好きな方は金融商品に投資してみるのもいいですが、いざという時には現金が必要なので、換金性の高いものにしておいたほうがいいでしょう。

（3）については、日本の社会保障制度は、結婚の有無に関係なく、かなり充実しています。会社員なら、病気で休んでも最大1年半は給料の3分の2を傷病手当金としてもらえます。また、その後に障害が残っても、治るまで障害年金がもらえる可能性があります。こうしたことをしっかり知識として知っておくと、不安は和らぐのではないでしょうか。人は誰もが、最後は1人。独身を、引け目に感じずに、楽しい人生を送りましょう。

ここがポイント！

頼りになる人を確保し、1人で生きていけるだけの現金を持ち、自分をフォローしてくれる制度がわかれば、いたずらに不安になることはありません。

Q 仕事をしながらセカンドライフを楽しめるか

「セカンドライフをとても楽しみにしていましたが、老後も朝から晩まで働かなくてはならない時代だと思うと、気が滅入ります」

（会社員・56歳・男性）

サラリーマンで働いてきた方だと、夫婦で20万円前後の年金をもらえるケースは少なくありません。ですから、現役の時のように、朝から晩まで働かなくてもよくなるはず。

年金の範囲内で生活し、やりたいことで月に10万円くらい稼げることが理想です。**10万円は無理でも、5～6万円稼げると、暮らしはかなり楽になります。**

今、日本では生産年齢人口が急激に減っていて、そのぶんシニアと主婦の働き場所が増えています。シニアには、基本的に年金があるので、長期労働ではなく「ちょっと働いて欲しい」というニーズも多いです。

例えば、**厚生労働省が支援している「ファミリー・サポート・センター事業」**では、乳幼児や小学生などがいるご家庭が会員となり、子どもたちの面倒を見てくれるシニアなどが援助会員となって、忙しい子育て家庭に代わって保育園の子どもの送迎をしたり、冠婚葬祭で両親がいない間の児童預かりなどをしています。**お礼は、1時間800円前後。何日かの研修で誰にもできる、年齢制限のない有償ボランティア活動です。**すでに、800以上の市区町村がこの制度を実施していて、援助を受けたい会員も50万人以上います。

(http://www.mhlw.go.jp/bunya/koyoukintou/ikuji-kaigo01/)。

今までのように誰かの言うがままに働くのではなく、人に喜ばれてちょっとした収入になるという働き方も、考えてみるといいのではないでしょうか。

また、事務系で経理が得意というなら、知り合いの会社で、月何回か帳簿をつける手伝いをするというのも、声をかけてみれば意外と需要があるものです。

フルで働くのではなく、生活費をセーブしながら生き甲斐が持てる程度にちょっと働くというつもりなら、セカンドライフも楽しめるのでは?

ここがポイント!

サラリーマン時代は、働き方を選べないケースが多かったけれど、老後の働き方は、自分で選べます。年金を生活のベースに、憂鬱にならない働き方をしましょう。

Q
40代からの老後不安

「9割の病院や施設で利用者に身元保証人を求めると聞きます。ひとり身で兄妹もいない私は、親が死んだ後、どうすればよいのでしょうか」

（会社員・42歳・女性）

実家で親と同居している独身の方は、今後、ますます増えるでしょう。けれど、あなたはまだ40代なので、老後をそんなに心配する必要はないのではないでしょうか。

現在、おっしゃるように多くの施設が、身元保証人を求めています。ただ、求めていない施設もあり、社会福祉協議会や民間などにも、身元保証をしてくれるところはあります。

また、**身元保証人を立てられなくても、自分が最も信頼できる人を「任意後見人」として、老人ホームの費用などを、自分が判断できなくなってもその人から払われるのだということをわかってもらえれば、受け入れてくれる施設は多いでしょう。**

なぜ、そんなに心配する必要がないかといえば、あなたが老人ホームに入居を考え始める30年後には、介護の状況も、ガラリと変わっているはずだからです。

理由は、介護で最も大きなボリュームゾーンの団塊の世代が、この頃には他界している可能性が高いからです。そうなると、病院にも施設にもかなりの空きが出てくる可能性があり、利用者である高齢者の奪い合いが起きているかもしれません。

今は少子化で子どもの数が減っていることで、大学や塾が子どもの奪い合いをしているので、贅沢を言わなければ誰もが大学に入れる時代です。これと同じような現象が、介護の世界でも起きているかもしれないということです。

また、これからは**未婚者だけでなく、結婚したのに離婚してひとり暮らしという人も増えてくるので、こうした人を対象にした保証ビジネスも盛んになってくるでしょう。**

さらに、国も在宅介護に力を入れています。加えて、警備保障会社と介護施設が提携して、家にいても24時間の見守りサービスをしてくれるなどということも30年後には普通に行われていると思うので、それほど心配しなくてもいいのではないかと思います。

ここがポイント！

40代が介護を受ける30年後は、介護状況が飛躍的に改善している可能性あり。ただし、サービスにはお金がかかるかもしれないので、しっかり貯金を！

Q

親への仕送り負担がキツイ

「離れて暮らす父親の年金が少なく、我が家から補助しています。私と夫が定年を迎えて年金暮らしになった後も、補助を続けられるか心配です」

（専業主婦・51歳・女性）

離れて暮らしておられて、年金で足りないぶんを送金しているのだとすれば、お父様を扶養しているとみなされ税金が安くなります。

その税金面のメリットは、活かしていらっしゃいますか？

お父様が70歳以上なら、老人扶養親族として所得税で48万円、住民税で38万円の控除がつきます。同居していらっしゃる場合には、控除は所得税で58万円、住民税で45万円になります。仮に、ご主人の所得税率が10％なら、住民税と合わせて8万6０００円、20％なら16万1０００円の税金が戻ってきます。

また、お父様が使う医療費は、仕送りしていると生計を1つにしているとみなされるので、今の家族と合算して医療費控除することができます。仮に年間10万円の医療費がかかっていたら、ご主人の所得税率が10％なら1万円、20％なら2万円戻ります。

将来的なことで言えば、これから10～15年の後にご主人が定年になって年金生活を始めるとすると、お父様は90歳前後になっていらっしゃるのではないでしょうか。

その時に備えて、今から、お父様といろいろなことを話しておいたほうがいいでしょう。例えば、年金は少額でも、家や田畑などの資産を処分すれば、まとまったお金になるかもしれません。それを、同居するなら生活費に充て、もし介護が必要な状況になっていたら、そのお金で施設に入るということも可能でしょう。

親とお金の話をするというのは抵抗感があるとは思いますが、将来のことを考えて、慌てることのないように早めに現状把握をしておいたほうがいいと思います。また、それで足りないようなら、今からそのための貯金を始めましょう。

それでも、とても追いつかないなら、生活保護も視野に入れておきましょう。

ここがポイント！

資金援助しているなら、扶養控除や医療費控除で、少しでも税金を取り戻しましょう。また、早めに親子で話しあって、換金できそうな財産のチェックもしておきましょう。

Q 浪費する人の4つのパターン

「年収が800万円あるのに貯金もできないし、毎月カツカツの生活です。なぜでしょうか」

（会社員・50歳・男性）

50～54歳の男性の平均給与は661万円（国税庁「民間給与実態統計調査」2016年）ですから、年収800万円というのは同年代では高い給料をもらっているほうだといってもいいでしょう。

それなのに、生活がカツカツになるというのは、何か特殊な事情で大きくお金が出ていっているか、どこかで浪費しているかでしょう。そういう方は、次の4つの原因と、その対策を参考にしてください。

●借金が多いパターン

住宅ローンや教育ローンなど、支出に占める借金の割合が多すぎないかチェック。もし多いようなら、優先的に借金を返済していくべきです。

●「ワンランク上」が好きなパターン

ズバリ、贅沢志向。年収800万円ではなく700万円のつもりで生活しましょう。

●計画性がないパターン

行き当たりばったりにお金を使っていて計画性がないと、ついついお金を使いすぎてしまいます。まずは、家計を把握し、何にどれだけ使えるのか、家計のお金を分けてみましょう。実際に、給料を1週間分ずつ袋に入れて分けてみるというのも効果的。

●衝動買いが多いパターン

後から考えたらそれほど必要なかったというものを衝動買いしてしまう。こういう人は、まずクレジットカードを持たず、財布には必要最低限のお金しか入れないこと。

家計で大切なのは、計画性。1カ月でいいから、家計簿をつけてみましょう。

ここがポイント！

収入が多いと、それで安心して浪費しがち。年収800万円なら、年収700万円くらいのつもりで、家計のやりくりの設計をしてみましょう。

Q

ケアマネージャー選びの7つのポイント

「入所場所や費用など、介護に関することがとにかく不安で、何から手を付けていいかわかりません」

（会社員・58歳・男性）

そんなに、心配することはありません。

介護が必要になったら、まず、自治体の窓口で相談してみましょう。介護認定が受けられるかどうか聞いて、受けられたら、介護にかかる費用の一定額が介護保険から出ます。

自治体の窓口では、介護の専門家であるケアマネージャーも紹介してもらえます。**ケアマネージャーは、どんな施設があり、サービスを受けられ、費用負担はどうなるかなど、専門家として色々とアドバイスしてくれるだけでなく、具体的なプランづくりや施設探しもしてくれます**。ですから、わからないことは聞けばいいし、相談もできます。

ただ、ケアマネージャーといっても、知識の度合いは違うし、人間ですから相性もあります。ここでは、自分に合うケアマネージャーを探す7つのポイントを見てみましょう。

①インターネットで情報収集

厚生労働省が運営する「介護事業所・生活関連情報検索」には事業所のリストがあり、ケアマネージャーの経験年数などがわかります。経験豊富な方と、若いやる気のある方のどちらがいいかは一概には言えませんが、参考にしてください。

②クチコミ情報を集める

かかりつけの病院で医師や看護師、ソーシャルワーカーに、デイサービスを利用中のご近所や、ヘルパーとして働く知人などに、実際に評判のいいケアマネージャーを聞いてみましょう。やはり現場の人の知識は頼りになるものです。

③担当利用者数が多すぎないケアマネージャーを選ぶ

1人のケアマネージャーが、40～50人の利用者を担当していることがあります。担当数があまりにも多いと、それぞれの利用者にかかわる時間が少なくなるので、できれば過度に多くの人を担当していない人がいいでしょう。

④専門知識の豊富なケアマネージャーを選ぶ

介護保険について詳しいのは当然ですが、病状の進行や、介護保険以外で生活支援などを行うボランティア団体についても、あらかじめ調べておいた質問をしてみましょう。相手の知識の深さがわかります。ただし、あまりに相手を試しすぎて、嫌われないように。

⑤さまざまな事業所を紹介してくれるケアマネージャーを選ぶ

ケアマネージャーはデイサービス事業所などの介護施設に所属しているケースが多く、そのため自分の所属先を紹介するパターンが多くなります。

ただ、ケアマネージャーは、本来、利用者の希望に沿ったさまざまな選択肢を提供することが仕事です。ですから、なるべく中立な立場でいろいろな施設を紹介してくれる人を選びましょう。中立な立場の人ほど、多くの施設との付き合いがあり、経験豊富で、利用者が望む施設を上手に探し出してくれるケースが多いです。

⑥気持ちに寄り添ってくれるケアマネージャーを選ぶ

誰もが、優秀で知識が豊富なケアマネージャーを望みますが、そうした人は往々にして人気があるので多忙です。それでも、丁寧に家族の話を聞いてくれる方を選びましょう。また、若くても勉強熱心で、新しい情報をいろいろと集めて、家族の心に寄り添ってくれるような人もいいでしょう。長い付き合いになるかもしれないので、気心が知れるというのも、大切な要素になってくるからです。

⑦利用開始後も変更可能

あとから問題が見つかり、ケアマネージャーを変えたい場合は、自治体の窓口に相談してください。いつでも変更できます。

自分だけで頑張らず、専門家を頼りにしましょう。

ここがポイント！

わからないことは、ケアマネージャーという専門家がついてくれるので、施設のことから費用のこと、入居の手順なども教えてくれます。良い専門家を探しましょう。

Q
介護施設の費用が知りたい

「母が要介護1の認定を受けました。要介護度が上がった時のことを考え、要介護度による施設の選択、入所までの待機期間、費用が知りたいです」（会社員・55歳・男性）

介護施設はピンキリで、施設によって、入居一時金、敷金、保証金、賃料、食費、医療ケア費用などがかかります。

介護施設には、公的な側面がある介護保険施設と、民間が運営している施設があって、介護保険施設は利用料が安く、介護度が高くても入居できるのが特徴。ただ、個室ばかりではなく多床室も多いです。

一般的に費用が安いと言われているのが特別養護老人ホーム。入居にお金がかからないのが大きなメリットとなっています。要介護3以上でないと入れませんが、賃料が3～4万円（部屋による）、食費が約4万円、介護費用が本人1割負担で2～3万円なので、トータルで9～11万円。ただ、実際に入居するとなると、シャンプーその他の生活用品や病院への通院費など生活費を2～3万円ほど見ておいたほうがいいでしょう。

特別養護老人ホームより月々1～2万円高いですが、**医療ケアやリハビリに主眼を置いているのが介護老人保健施設（老健）**。医療ケアが必要な人が入るのが**介護療養型医療施設（療養病床）**。また、自治体の補助があるので割安なのが**ケアハウス（軽費老人ホーム）**。ケアハウスは一部入居金を取るところもありますが、ほかは入居金なしで入れます。ケアハウスは、料金が安く比較的入りやすい施設なので、寒い冬場だけ入るという人もいます。ですから、冬以外だと待機時間が少なくて済むかもしれません。

介護施設は、空きがあればすぐに入れますが、地域に介護の希望者が多かったり、人気の施設の場合には、空きが出るまで待たなくてはなりません。

民間の有料老人ホームは、選択肢が多く、入居の難易度も低いですが、高額なところもあります。入居費無料から数百万円、中には億単位の入居費がかかるところもあります。

ここがポイント！

公的な側面のある介護施設は、入居費ゼロでランニングコストが安いところも多く、民間施設は、費用もサービスもピンキリで高額・高サービスなところもあります。

Q

多すぎる出費、何から削ればいいかわからない！

「小学5年生の息子がいます。周りの子は塾に通い始めていますが、うちには余裕がありません。教育費のために、何から削ればよいか、悩んでいます」（専業主婦・43歳・女性）

削るものの優先順位というのは、家によって違います。

例えば、みんな食いしん坊なので食費だけは削れないけれど、着るものはそれほど買わなくていいというご家庭もあります。住まいの環境優先で、食べ物にはそれほどこだわらないというご家庭もあります。

ですから、**ご自分のご家庭で、削れないものから列挙していき、最後の方に残ったものから削っていくといいでしょう。**

削っても、あまり影響がないものとしては、奥様の生命保険。特に、死亡保障は、専業主婦にはあまり必要ありません。子どもがいれば、18歳までは専業主婦の奥さんが亡くなった場合でも、10万円前後の遺族年金が支給されるからです。

さらに、いつか行くだろうと支払っているスポーツジム代。車は、田舎では必需品ですが、都会では、週に1日乗るか乗らない程度なら処分したほうがいいかもしれません。

削らなくても、節約できるものもあります。例えば、携帯電話。家族みんながスマホだったら、格安のものに変えれば、それほど不便なく通信料が2分の1から3分の1になります。ただ、電話番号はそのままですが、メールアドレスは変更の必要があるので注意。

タンスや押入れ、引き出しの中などを一度整理し、売れるものはネットで売ってみるというのもいいでしょう。ネットなら、意外なものでも売れます。

最後に、**小学校5年生の息子の塾通いが、本当に必要なのかもチェックする。**本人が、どうしても行きたいというのならいいかもしれませんが、ただ、周囲の子が行っているからという理由だけだと必要ないかもしれません。

それでも塾に行かせたいなら、お母さんがパートで働いて稼ぐという手もあります。

ここがポイント！

必要なモノやコトには優先順位をつけ、順位が下のものから削っていきましょう。その場合、教育費も例外ではありません。もし、どうしても削れなければ、稼ぐことも考えて。

Q

教育費用の抑え方

「教育費の削り方がわかりません。子どもには目一杯可能性を与えてあげたいですし、貧しさを感じさせたくないのですが」
（パート・41歳・女性）

子どもに貧しさを感じさせないためには、子どもが本当にやりたいということをやらせ、早い時点で将来の目標を定めさせることです。

小さな頃から、やたらに習い事をさせているご両親がいますが、よく見ると、子どもが本当にやりたいと思っていることをしているというよりは、**親が「将来のために」と選んでいるものが多くあります**。中には、自分が小さな頃にやりたくてもできなかったピアノやバレエをやらせているという親もいます。

確かに、子どもの可能性を小さな頃から広げてあげることは大切かもしれませんが、現状では、子どもに最もお金がかかるのは高校から大学にかけて。そこまでにお金を貯めておかないと、「大学に行きたい」と子どもが言った時に、行かせてあげられません。

また、子どもは、自分が好きなことをやっている時のほうが才能が伸び、親から押し付けられたことを義務的にやっていると伸びないケースもあります。
ですから、まず、子どもとしっかり話し合ってみましょう。もし、塾も含めて習い事を3つやっているとしたら、その中の1つを、親ではなく子ども自身に削らせましょう。子ども自身が好きなことを続けさせてあげれば、貧しさを感じるということはないでしょう。子
よく「**英語くらいは、小さな頃からやっていないと**」と子どもを英会話教室に通わせている親がいますが、家庭で親同士が英語で会話するような環境がないと、なかなか身につきません。こうしたものも、子どもが強い興味を示したら習わせるということにしたほうがいいでしょう。
豊かな人生を歩むためには、親が子どもの人生を選択するのではなく、子どもの人生は、子ども自身に選択させることが大事。自分で選択しないと、満足感も少なくなります。

ここがポイント!
教育費を削る時には、どこを削ればいいのかを子どもに聞いてみましょう。そして、子どもがどうしてもやりたいということをやらせてあげましょう。

Q

デフレ経済下の家計の鉄則！

「景気が良くなっていると聞きます（私には実感がありませんが）。インフレで貯金の価値が下がってしまう危険はあるのでしょうか」

（自由業・54歳・男性）

今はまだ、デフレです。そして、日銀が「デフレ脱却宣言」をするまでは、日本ではデフレが続きます。インフレの心配をするのは、ちょっと気が早いかもしれませんね。

モノの値段が下がるのがデフレなので、**デフレの中では、現金の価値が上がると同時に、借金も相対的に増えていきます。**

例えば、昨年2万円だった掃除機と同じものを、今年19000円で売っているのがデフレ。今年買えば2万円を出して1000円のお釣りがきます。つまり、同じ2万円でも、去年より今年のほうが、1000円分お金の価値が上がったということ。

いっぽう、デフレの中の借金は、相対的に増えます。

例えば、去年5000万円だった家と同じものが、今年4500万円で売られるというのがデフレ。去年、頭金なしで買ったら5000万円の借金を抱えますが、今年なら、頭金なしでも借金は4500万円で済みます。つまり、去年借金した人は、今年借金した人よりも借金が多いですから、相対的に借金が増えていることになります。

ですから、**デフレの中での鉄則は、「借金減らして、現金増やせ」です。**

まだデフレは続きそうですから、まず、お金があったら住宅ローンなどの借金を返してください。借金がなくなったら、今度は貯金してください。

そして、日銀が「デフレ脱却宣言」をして、インフレになっていくことが明白になったら、貯金の一部をインフレに強い株や有価証券などに買えておくのもいいでしょう。けれど、それは今ではないということを、くれぐれも肝に命じておきましょう。

ちなみに、2018年には、好調だった経済にも陰りが見え始める可能性があり、デフレの度合いも強まるかもしれませんから、要注意です。

ここがポイント!

デフレは、当分続きます。デフレの中では、インフレのことは考えなくてもいいでしょう。今、やっておきたいのは、「借金減らして、現金増やせ」です。

Q

年金暮らしは窮屈ですか？

「年金生活でも、今と同じ生活水準を維持したいのですが、高望みでしょうか？」

（パート・57歳・女性）

年金だけで生活するなら、今と同じ生活はできません。ただ、それを「高望み」と思ってはいけません。今までと違う人生がスタートするのですから、新しい人生に合わせて生きていこうと考えるべきでしょう。

人間は、歳をとればとるほど、遮二無二働くことができなくなります。身体的にも気持ち的にもゆったりと生きることを望み始めます。また、外出も徐々に少なくなるので、新しい服やバッグなども今までより必要なくなります。食べる量も、減っていきます。

そして、**人生の楽しみ方も変わってきます**。今までは、忙しくて庭の手入れなどしなかった人でも、花壇を作り、畑を作り、野菜を作り、それを眺めて満足することができるようになるかもしれません。自分で作った野菜で料理を作り、親しい友人を招いてみんなにふるまって笑い合う、そんなスローライフが楽しいと思うようになる人もいるでしょう。

今まで、毎日のように飲み歩いていた人や外食していた人でも、歳をとると、それ自体に疲れを感じ、家で夫婦向かい合って鍋でもつついていたほうがいいと思い始めます。

「今と同じ生活水準」の老後なら、幸せなわけではありません。人を幸せにしてくれるのは、人です。老後になると、テレビを見ながらご主人と笑い合ったり、誰かの役に立って感謝されたり、子どもが訪ねてきて優しい言葉をかけられて嬉しかったり、久しぶりに姉妹に会って楽しく昔話をする。そんな些細なことで日々が充実してくるものです。

今までは、生活水準を維持するために一生懸命に働いてお金を与えられてきましたが、定年後は、今までのように一生懸命働かなくていい代わりに、本当にいい人生だったなとしみじみ思えるだけの時間が与えられます。

そのたっぷりもらえた時間の中で、「生活水準が落ちた」と嘆くのはもったいない！

ここがポイント！

老後には、老後の生活があります。それは、今までのようにお金を稼ぐ生活ではなく、ゆっくり時間を使っていく生活。違うステージに入ると思ったほうがいいでしょう。

Q 年金支給額はいくら減る？

「年金の支給開始年齢が上がっていると聞きますが、もらえる額は具体的にいくら減るのでしょうか」

（専業主婦・53歳・女性）

支給年齢については、現在は65歳からもらえることになっていますが、安倍内閣の「人生100年時代構想」では、「高齢者向けに偏った社会保障を見直す」ということで、67歳支給、70歳支給へと、支給年齢が少しずつ引き上げられていく可能性があります。

厚生労働省の試算（財政検証結果・平成26年）を見ると、**現在、夫婦2人でもらえる年金は現役時代の給料の約6割。将来的には、5割を割るケースも予想されています。**

政府は、2004年に、保険料の段階的な引き上げと給付金のカットなど痛みを伴う改革をして、その代わりこれで「100年安心」と言いました。けれど、その5年後の財政検証ですでに「100年安心」は難しいことが判明。ちなみに、現在は、非難を避けるためか、8パターンもの経済状況がいろいろ違う複雑な試算を出し、「どれか当たるかもしれない」と、かなり曖昧かつ、いい加減な見通しを出しています。さらに、物価が上がったら年金がカットされるだけでなく、賃金が下がってもカットされることになったので、いったいいくらもらえるのか、まったくわからなくなっています。

それだけではなく、**年金維持のための資金の約6割を、年金積立金管理運用独立法人（GPIF）がリスクのある投資に回しているために、景気が悪化してくると積立金が毀損する可能性もあり、**そうなると支給額はますます下がっていくかもしれません。

今は、現役時代の給料の平均が月40万円だったら、24万円ほどもらえていますが、将来的には17〜18万円に下がると思っておいたほうがいいでしょう。

ただ、住宅ローンが終わり、子どもが社会人になって夫婦2人で食べていくだけの生活ならば、これでもやっていけないことはないという人もいるでしょう。もし足りなかったら、そのぶんはある程度の年齢まで「ちょい働き」をして補いましょう。

ここがポイント！

将来年金がどれくらいもらえるか、政府もはっきり言いませんが、現役時代の収入の4割くらいまでに下がる可能性もあります。足りないぶんは、少し稼ぐ気構えを。

Q

年金はいつからもらうのがお得？

「自分の家系は代々長生きです。もし90歳まで生きるなら、年金は「繰り下げて」受け取ったほうが得と聞きましたが、どうなのでしょう」

（専業主婦・50歳・女性）

年金の支給年齢は65歳ですが、希望すれば、60歳からでも70歳からでも受け取れます。**65歳より早くもらい始めることを「繰り上げ受給」といいます。この場合、もらう時期が1カ月早まるごとに、年金額が0・5％減額されます。**

例えば、60歳からもらい始めると、0・5％×12カ月×5年で支給額が30％減ります。65歳で10万円の年金をもらえる人がいたとすれば、この人が60歳からもらい始めると、年金の額は一生涯月7万円になるということです。

この場合の損益分岐点は77歳。76歳までに死ぬと、60歳からもらい始めたほうが良かったことになり、77歳以降も生きれば、65歳からもらったほうが良かったことになります。

65歳より後にもらい始めることを「繰り下げ受給」といい、1カ月遅くなるごとに年金額が0・7％ずつ加算されます。

例えば、70歳からもらい始めると、0・7％×12カ月×5年で42％支給額が増えます。65歳で月10万円の年金がもらえる人なら、受給開始を70歳からにすると、一生涯月14万2000円の年金をもらい続けられるということです。

この場合の損益分岐点は82歳。81歳までに死ぬと、65歳からもらい始めたほうがよかったことになり、82歳以降も生きれば、70歳からもらったほうが良かったことになります。

人間はいつ死ぬかわからないので、損得は言えませんが、少なくとも長寿の家系なので自分も82歳以上は生きると思っているなら、「繰り下げ受給」するのもいいでしょう。

年金を、通常よりも1・42倍もらえるようにしておくと、高齢になって施設に入居する時に、選択肢を広げることができるので、安心かもしれませんね。

ここがポイント！

年金は、65歳からもらうだけでなく、60歳から70歳までの間なら、いつでももらえ、高齢になればなるほど年金額は増えます。長生きに自信があるなら遅らせるとよいですね。

～ 老前・老後のお金の不安 ～

【オススメの投資】回答例

- リスクの少ない/素人でも安心な投資
- 生命保険は更新したほうがいいのか
- 外貨預金の安全性

【投資する財産がない／投資はしない】回答例

- 投資する財産がない
- リスクが大きいと感じる
- タンス貯金が一番安全だと思う

【投資の知識を得たい】回答例

- 株式投資をやってみたいが方法がわからない
- 個人型確定拠出年金「iDeCo（イデコ）」など、新しい投資について知りたい
- 資産運用をしているが、方法に自信がない

【自分には投資の必要があるのか】回答例

- 投資信託会社にお願いしたほうがいいのか
- 年金、保険、自分にあってるものがわからない
- この年から投資をして、本当に潤うのか疑問

●調査対象：40代・男性、40代・女性（各25人） 50代・男性、50代・女性（各25人）
●回収数：143（複数回答あり）
●調査委託先：マクロミル
●実施期間：2017年11月

40代・50代の男女100人に緊急アンケート！

Q1 財産の運用について、どんなことが気になりますか？

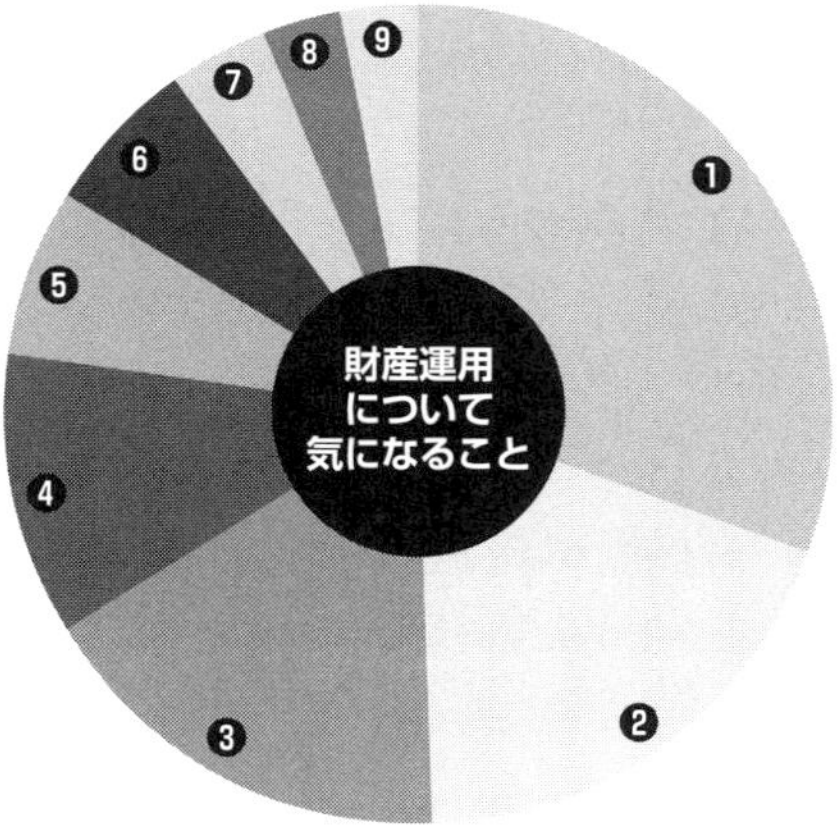

回答内容	回答数	回答比率
❶ オススメの投資	34	31%
❷ なし	21	19%
❸ 投資する財産がない/投資はしない	19	17%
❹ 自分には投資の必要があるのか	12	11%
❺ 投資の知識を得たい	8	7%
❻ その他	7	6%
❼ わからない	4	4%
❽ 将来の景気	3	3%
❾ 節税対策としての投資	3	3%

～ 老前・老後のお金の不安 ～

【年金についての不安】回答例

- 年金制度は破たんするのではないか
- 本当に65歳から年金をもらえるのか
- 年金が少なく、再雇用をしなくてはと思うが、どんな就職先があるか、わからない
- 年金支給額は下がるのか
- そもそも年金を払っていない

【老後にいくら必要か】回答例

- 年金支給額が少ない
- 年金の支給年齢が上がるのではないか
- 年金がいくらもらえるのかわかっていない

【医療費・介護費の負担】回答例

- 急に病気になった時に、いくら必要か知りたい
- 今の保険で本当に充分なのか知りたい

【その他】回答例

- 人付き合いがなく、お金の相談が誰にもできない
- 未婚なので自分が働けなくなった時、どうすればいいか
- 夫の浪費癖がひどいが、どうすればいいか
- 将来、両親が老老介護になる可能性が高いが、今からどのような対策ができるか

40代・50代の男女100人に緊急アンケート！

Q2 老後のお金について、どんなことが不安ですか？

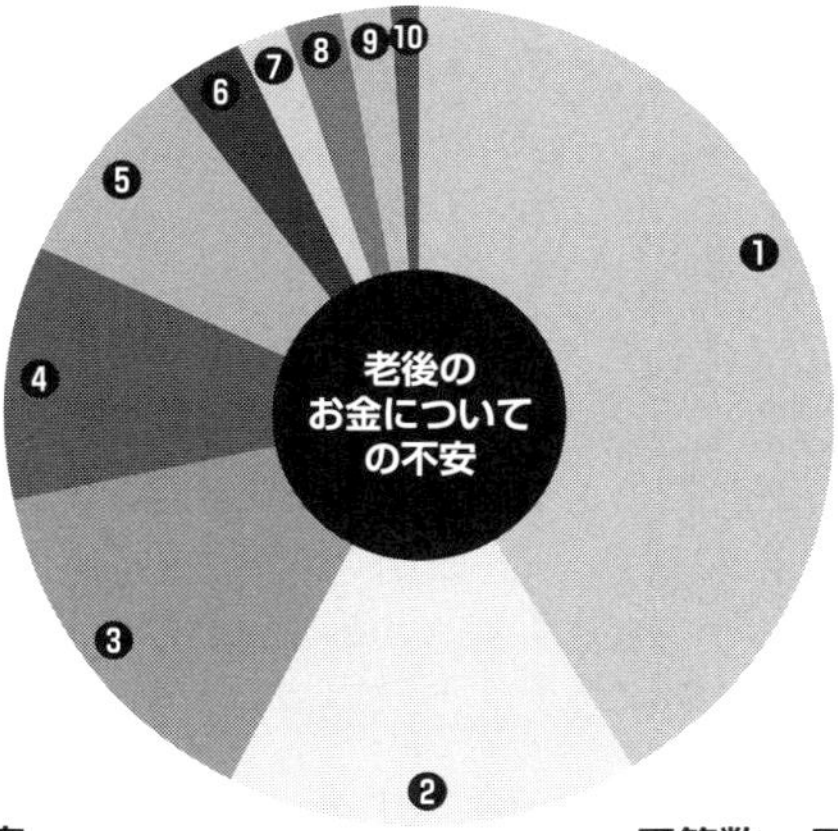

回答内容	回答数	回答比率
❶ 年金についての不安	59	41%
❷ 預貯金がない/少ない	23	16%
❸ 老後にいくら必要か、わからない	20	14%
❹ 医療器・介護費の負担	15	10%
❺ その他	11	8%
❻ 特にない	4	3%
❼ わからない	3	2%
❽ 増税への不安	3	2%
❾ インフレによる、資金の目減り	3	2%
❿ 不測の事態による突然の出費	2	1%

～ 老前・老後のお金の不安 ～

【貯金ができない】回答例

- 年収が800万円あるのに、貯金できない
- 気のせいかもしれないが、
  税金負担が前より重くなっている気がする

【買い物を我慢できない／我慢するとつらい】回答例

- せっかく節約しても、趣味にお金を使ってしまう
- 無駄だとわかっているのに我慢できない
- 必要ないものをちょこちょこと買ってしまう

【計画の立て方がわからない】回答例

- 家計簿をつけたことが無い
- 予定外の出費が多い
- 私がどのようにお金を使うと安全かも心配だが、
  夫のお金の使い方も心配

【出費が減らせない】回答例

- 光熱費が平均より高いが、理由がわからない
- 教育費の削り方がわからない
- あまり使わないのに、車を捨てる決断ができない

40代・50代の男女100人に緊急アンケート！

Q3 お金の使い方や計画性に、不安はありますか？

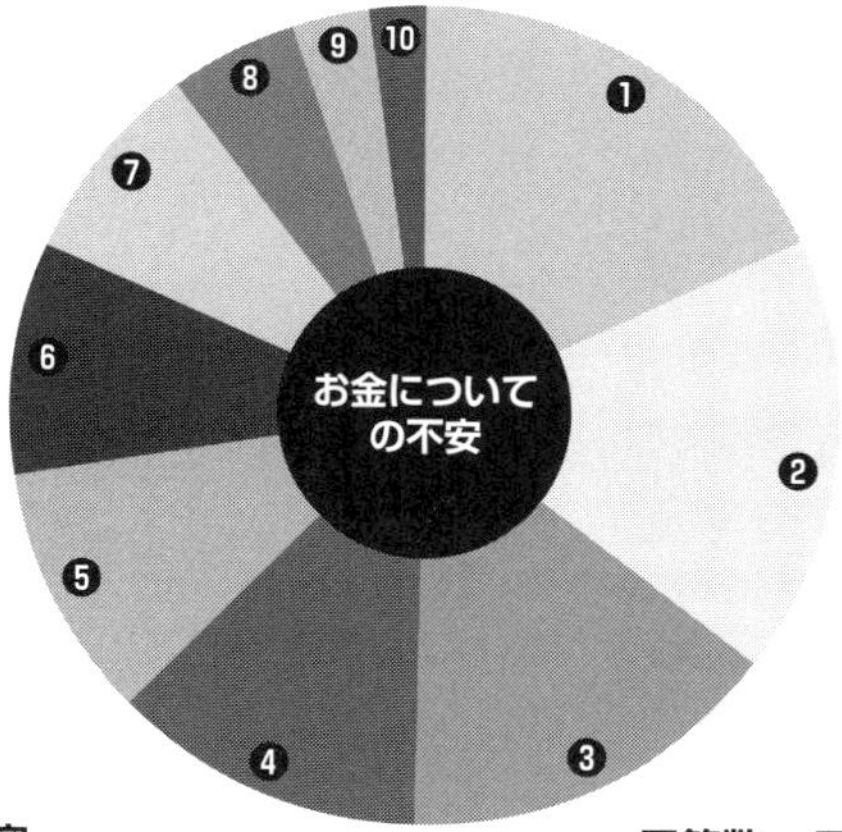

回答内容	回答数	回答比率
❶ 特になし	21	18%
❷ 貯金ができない	19	17%
❸ 買い物を我慢できない/我慢するとつらい	17	15%
❹ 計画の立て方がわからない	14	12%
❺ そもそも収入が少ない	11	10%
❻ 出費が減らせない	10	9%
❼ その他	9	8%
❽ 節約方法を知らない/自信がない	6	5%
❾ 給料が減ったのに、生活を見直せない	3	3%
❿ 資産運用のやり方がわからない	2	2%

～ 老前・老後のお金の不安 ～

【進学・就職・キャリアプラン】回答例

◦ＡＩで仕事が無くなるのではないか
◦退職が75歳になると聞いて、不安だ
◦過労死が心配
◦安定した仕事に就けるか

【子どもの成長・自立】回答例

◦無職で引きこもりがちだ
◦将来をきちんと考えていないようだ

【日本の将来／社会への不安】回答例

◦少子高齢化時代を生き抜けるのか
◦年金制度は存続するのか
◦ストレス社会はますます進むのではないか

【将来、子どもに迷惑をかけないか】回答例

◦このままでは子どもに借金を残してしまう
◦自分が死んだあと、墓や寺のことで束縛したくない
◦介護等で世話になると思うと、申し訳ない

40代・50代の男女100人に緊急アンケート！

Q4 子どもの将来に、どのような不安がありますか

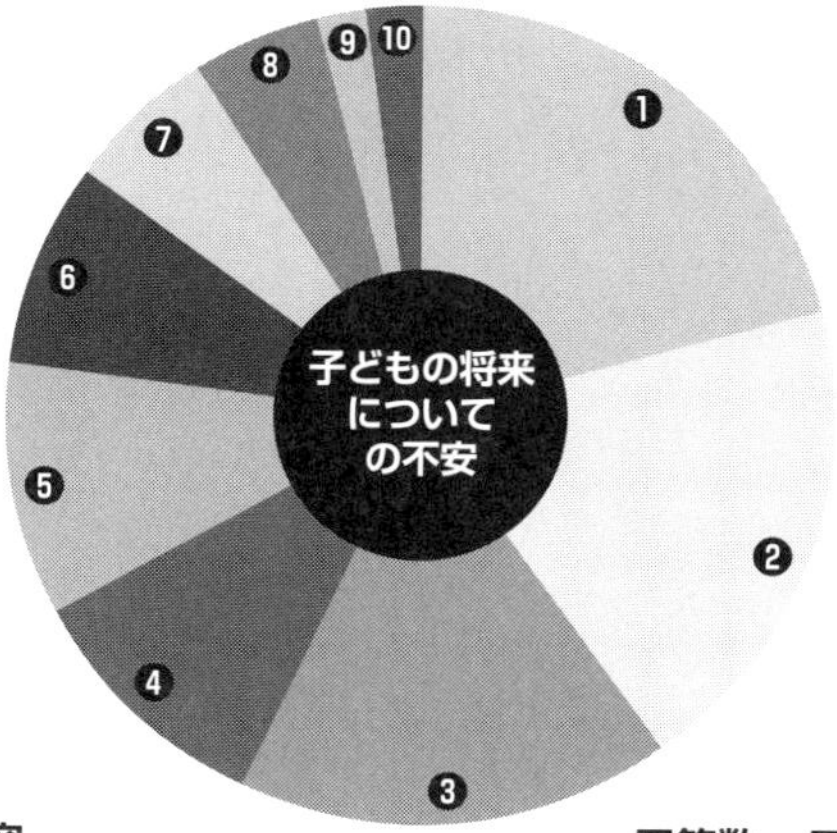

回答内容	回答数	回答比率
❶ 進学・就職・キャリアプラン	26	21%
❷ 特になし	24	19%
❸ 子どもの成長・自立	21	17%
❹ 日本の将来／社会への不安	13	10%
❺ 子どもがいないので、想像できない	13	10%
❻ 結婚できるか／子どもはできるか	10	8%
❼ 教育費	8	6%
❽ 将来、子どもに迷惑をかけないか	6	5%
❾ 預金はできるか	2	2%
❿ その他	2	2%

荻原博子 おぎわら・ひろこ
1954年、長野県生まれ。経済事務所に勤務後、82年にフリーの経済ジャーナリストとして独立。難しい経済と複雑なお金の仕組みを、生活に根ざしてわかりやすく解説することに定評がある。著書に『隠れ貧困』（朝日新書）、『10年後破綻する人、幸福な人』『投資なんか、おやめなさい』（共に新潮新書）など。テレビ出演や雑誌連載も多い。

朝日新書
652

老前破産《ろうぜんはさん》

年金支給70歳時代のお金サバイバル

2018年1月30日第1刷発行

著　者　荻原博子

発行者　友澤和子
カバーデザイン　アンスガー・フォルマー　田嶋佳子
印刷所　凸版印刷株式会社
発行所　朝日新聞出版
〒104-8011　東京都中央区築地5-3-2
電話　03-5541-8832（編集）
　　　03-5540-7793（販売）

Published in Japan by Asahi Shimbun Publications Inc.
ISBN 978-4-02-273753-3
定価はカバーに表示してあります。

落丁・乱丁の場合は弊社業務部（電話03-5540-7800）へご連絡ください。
送料弊社負担にてお取り替えいたします。

朝日新書

阿久悠と松本隆

中川右介

「また逢う日まで」「UFO」「勝手にしやがれ」「ルビーの指環」「赤いスイートピー」——日本の大衆が最も豊かだった昭和後期。「うた」で時代を完全に支配した不世出の作詞家2人を主人公に、あの時代の残響と1億人の集合無意識を描ききる力作評伝。

消費低迷と日本経済

小野善康

雇用条件の悪化、格差、国債累積……、現代の日本が抱える深刻な問題の根源は、すべて「人々が消費をしないこと」にある。株価や地価が高騰する一方で、なぜ私たちは豊かになれないのか。成熟社会が陥った罠をすべて解き明かす革新的論考。

隠れ疲労
休んでも取れないグッタリ感の正体

梶本修身

休んでも取れない疲労感は、自律神経の疲れが原因。気が張ると一瞬忘れるが、放置していては健康があぶない。食事、睡眠、仕事の段取り、オフの過ごし方——ちょっとした心掛けでグッタリからスッキリへ。疲労医学の専門家が正しい回復法を伝授。

中高年シングルが日本を動かす
人口激減社会の消費と行動

三浦 展

中高年の単身世帯が増え続ける日本。人口が激減するなか、「中高年シングル」の消費動向は、トレンドをつかむうえで欠かせない。ライフスタイルはどのように変わるのか。消費社会マーケティングの第一人者が提言。

おそろしいビッグデータ
超類型化AI社会のリスク

山本龍彦

いまや、ビッグデータ時代。ネットショッピングからニュースの閲覧履歴まで、個人特定のリスクが知らぬ間に悪用される世の中だ。個人情報漏えいよりも恐ろしい、第三者による「プロファイリング（個人分析）」がもたらす「超類型化社会」への問題提起。